Theorie van de Oplossingsgerichte Praktijk

Vertaling 2020: Jos Kienhuis

E·B·T·A

EUROPEAN BRIEF THERAPY ASSOCIATION

Auteursrechten © 2021 EBTA en de auteurs

Publicatie en Print: BoD – Books on Demand, Norderstedt

Omslag ontwerp, zetwerk, bewerking: Matthias Schwab

Foto: Dave Hogan, gebruikt met vriendelijke toestemming

Oorspronkelijke titel: Theory of Solution Focused Practice, Version 2020

Vertaling 2021: Jos Kienhuis

www.ebta.eu – contact: peter.sundman@taitoba.fi

ISBN 978-37-526842-2-3

Kennis is uiteindelijk gebaseerd op erkenning.

Ludwig Wittgenstein
Over zekerheid, §378.

CONTENTS

III. Beschrijving: Wat maakt de praktijk oplossingsgericht? 52

IV. Conclusie 75

Referenties 77

Persoonlijke reflecties ... 85

Beschouwingen 87

Voorwoord

De zoektocht naar een oplossingsgerichte praktijktheorie begon na de dood van Steve de Shazer met de "bigger picture" bijeenkomsten van Gale Miller en Mark McKergow in 2008. Dit waren bijeenkomsten waarin gezocht werd naar soortgelijke ideeën als die in de oplossingsgerichte traditie. Veel overeenkomsten werden gevonden, vooral binnen de filosofie. De bijeenkomsten waren boeiend en bevrijdend. "We konden de oplossingsgerichte praktijk op een manier uitleggen die aansloot bij wat anderen hadden verwoord. Er was ook iets bijzonders en vrij unieks in deze benadering. Kunnen we deze benadering nauwkeuriger omschrijven en kunnen we het met elkaar eens zijn?"[1] Dat was een interessante opdracht om gezamenlijk te doen!

Het bestuur van de *European Brief Therapy Association* (EBTA) heeft een Taakgroep opgericht om de oplossingsgerichte praktijk te definiëren. In 2010 werd de eerste *"Praktijkdefinitie"* door het bestuur besproken en, tot onze verbazing, werd er mee ingestemd! Ja, er waren wat accentverschillen, echter door gebruik te maken van meerdere definitie mogelijkheden bleven er geen inhoudelijke onenigheden bestaan over de *Praktijkdefinitie*.

De volgende mijlpaal in de ontwikkeling van deze theorie was de plenaire bijeenkomst en workshop van Janet Bavelas

---

[1] Sundman, persoonlijke noot van deze vergaderingen.

en Harry Korman "Does SFBT Have a Theory?" in 2014, op de jaarlijkse conferentie van de EBTA.[2] Ze hadden de boeken van Steve de Shazer doorgenomen en presenteerden wat zij noemden de "postulaten voor een theorie van oplossings-gerichte korte therapie". Dus zelfs Steve de Shazer had een theoretische basis, hoewel hij kritisch was over het uitleggen van zijn werk en dat van zijn collega's! Dit moedigde ons in de EBTA-Taakgroep aan om de zoektocht in een meer theoretische richting voort te zetten. In ons werk zijn daarbij twee andere interessante invalshoeken van groot belang geweest.

Ten eerste ligt er de vraag hoe we de ideeën en doelen binnen de oplossingsgerichte gemeenschap kunnen onderbouwen. Dit is interessant, omdat de praktijk open is in die zin dat niemand er auteursrecht op heeft. Het gronden en discussiëren met collega's was een manier om een gevoel te krijgen van wat de oplossingsgerichte gemeenschap wil en accepteert. De tekst die we nu voorstellen, is dan ook vanaf dat moment in alle EBTA-conferenties met de deelnemers en met veel collega's besproken. We zijn tevens verheugd dat andere organisaties en personen in de afgelopen jaren hun ideeën hebben gepresenteerd over de oplossingsgerichte praktijk.

Het tweede interessante perspectief is het "Ockham's scheer-mes" principe, welke gebruik maakt van de eenvoudigste principes, en een leidraad is geweest voor de meeste

---

2 Bavelas et al. (2014).

ontwikkelaars van het oplossingsgerichte gedachtengoed. Hier laten we deze traditie varen door een meer inclusieve theorie te presenteren met verschillende praktijkprincipes en verschillende manieren om de oplossingsgerichte praktijk (SF) te beoefenen. Dit maakt SF iets minder onderscheidend, echter meer bruikbaar binnen verschillende contexten en uitvoeringsstijlen.

Tot slot een opmerking over contexten. Oplossingsgericht werken wordt met goede resultaten beoefend in verrassend veel verschillende contexten. De uitbreiding gaat zo ver dat we als Taakgroep besloten hebben om voor te stellen dat deze theorie in veel contexten toepasbaar is. Echter, de grenzen van de oplossingsgerichte praktijk ongedefinieerd laten, zou als een valkuil kunnen worden beschouwd daar we aannemen dat er grenzen aan deze praktijk bestaan. In de toekomst dienen we ons daarom op deze grenzen te richten alsook op andere aspecten van de oplossingsgerichte praktijk.

De zoektocht zal dus doorgaan! We nodigen daarom al onze lezers uit om deel te nemen aan deze voortdurende gesprekken.

EBTA Praktijkdefinitie Taakgroep,

Juli 2020.

Theorie van de Oplossingsgerichte Praktijk

2020 Versie, door

Peter Sundman

Matthias Schwab

Ferdinand Wolf

John Wheeler

Marie-Christine Cabié

Svea van der Hoorn

Rytis Pakrosnis

Kirsten Dierolf

Michael Hjerth

Vertaling: Jos Kienhuis

Inleiding

Dit document is het resultaat van de samenwerking tussen een aantal auteurs die als een *European Brief Therapy Association* (EBTA) Taakgroep hebben gewerkt. De auteurs hebben door de jaren heen verschillende versies van dit document met elkaar uitgewisseld. Eerdere versies zijn aangeboden aan een gevarieerd publiek zoals het EBTA-bestuur, tijdens Conferenties en informele uitwisselingen met collega's. Dit is gedaan om meerdere perspectieven op te nemen in dit controversiële onderwerp over een theorie over de oplossingsgerichte praktijk. De auteurs kijken uit naar commentaar en feedback, zodat verdere uitwisseling en spiralen van ontwikkeling zich voortzetten.

Ons doel is om met dit document een coherente theorie van de oplossingsgerichte praktijk te presenteren. Een coherente theorie voor allen die samen met een uitgebreide beschrijving van de oplossingsgerichte praktijk de onderbouwing ervan willen begrijpen, welke gebruikt kan worden voor opleidings- en ontwikkelingsdoeleinden.

De theorie wordt hier gedefinieerd als een procestheorie[1] die beschrijft hoe de oplossingsgerichte praktijk wordt uitge-

---

[1] Morris (2005): Een procestheorie is een systeem, van onderling verbonden en op elkaar inwerkende concepten, dat probeert uit te leggen en te voorspellen hoe iets gebeurt in plaats van wat het is.

voerd, met uitleg over hoe en waarom het proces wordt geïnitieerd, waarom het proces in een bepaalde richting gaat en wie daar verantwoordelijk voor is. Ook worden naast beweegredenen en aannames, waarop de theorie is gebaseerd, algemene voorspellingen van de uiteindelijke uitkomst beschreven.

Dit document is tevens bedoeld als een statement over wat de oplossingsgerichte praktijk met haar geprefereerde, veronderstelde, ideale keuzes en aannames claimt te zijn.[2]

De oplossingsgerichte praktijk bouwt voort op het werk van Milton Erickson (Erickson 1954a, 1954b). Zijn werk is bekend geworden door de beschrijvingen van o.a. Haley (1986), over een keur aan onderwerpen waaronder cliënt religies, individualiteit, veranderingsvermogen, persoonlijke keuze, relaties, taal, instructies, interactie. Tevens heeft het werk van het Mental Research Institute (Weakland et al. 1974) hieraan bijgedragen met de uitwerking van thema's zoals interactie, gedrag, iets anders dan anders doen, referentiekaders en herkaderen. Ideeën uit de systeemtherapie droegen bij (bijvoorbeeld Cecchin 1987, Minuchin 1974 & Selvini-Palazzoli e.a. 1973), door het beschrijven van thema's zoals cybernetica, communicatie, feedback, relaties, netwerken en complexiteit. Theoretisch hebben het sociaal constructivisme, de taalfilosofie, namelijk het werk van Ludwig Wittgenstein,

---

[2] De oplossingsgerichte aanpak is door Gale Miller en Steve de Shazer "Een gerucht" genoemd (Miller & de Shazer, 1988).

en het boeddhistische denken de ontwikkelaars van de oplossingsgerichte praktijk geïnspireerd.[3]

De praktijk is gebaseerd op meer dan dertig jaar theoretische ontwikkeling, klinische praktijk en empirisch onderzoek door Insoo Kim Berg, Steve de Shazer en hun collega's en cliënten van het Milwaukee *Brief Family Therapy Center* in het begin van de jaren tachtig. De oplossingsgerichte praktijk wordt door vele beroepsbeoefenaars in vele landen over de hele wereld uitgevoerd en verder ontwikkeld.

De belangrijkste benadering is inductief geweest, d.w.z. actief zoekend naar logische argumenten in de klinische praktijk. Argumenten die bepaalde conclusies of generalisaties onderbouwen.[4] Het micro-analyse onderzoek van Janet Bavelas en haar team heeft hier een abductieve benadering aan toegevoegd (Lipton 2001). De abductieve benadering is een manier van redeneren die naar patronen en mogelijke verklaringen zoekt die schommelen tussen wat zich afspeelt in de leefwereld tussen cliënten en beroepsbeoefenaars en de wereld van abstracte ideeën.

Het staat voor iedereen open om de oplossingsgerichte praktijk verder te ontwikkelen, hetgeen de vraag doet rijzen wat omtrent deze praktijk onduidelijk is, hetgeen een aanvullende reden is om deze theorie op papier te zetten. We hebben

---

[3] Watzlawick (1980), de Shazer et al. (2006), Miller & McKergow (2012).

[4] Goed gedocumenteerde argumenten zijn bijvoorbeeld de concepten en het gebruik van uitzonderingen, wonder-vragen en schalen.

geprobeerd om veel goed beargumenteerde en onderbouwde ideeën te verzamelen die logischerwijs in dit coherente kader passen. Dit werk is in 2007 opgestart met een serie bijeenkomsten waarin de verbanden werden onderzocht tussen oplossingsgerichte ideeën en ideeën in filosofie, sociologie, psychologie en aanverwante velden. In 2010 heeft de EBTA een taakgroep opgericht om een *Praktijkdefinitie* te formuleren, en deze definitie is in 2012 door de EBTA overgenomen en in 2013 aangepast. De taakgroep heeft haar werk voortgezet door het houden van open discussies op conferenties en informele discussies met collega's en het verzamelen van gepubliceerde data.[5] Gedurende deze jaren zijn ook door anderen gerelateerde kaders geïntroduceerd zoals de *Solution Focused Therapy Treatment Manual for Working with Individuals*, door de SFBTA, *Clues 1.1* en *Clues 1.2* (lijst van SF-aanwijzingen in actie) en door de SFCT en de UKASFP met *Accreditable Practice and Accreditable Practitioners* (2015), samen met verschillende artikelen die de algemene interesse liet zien om de oplossingsgerichte aanpak te definiëren.[6]

We zijn ons bewust van de bestaande bedenkingen over het formuleren van een theorie van de oplossingsgerichte prak-

---

[5] Onder andere: Open Space-besprekingen op de EBTA-conferenties 2015 en 2016, bespreking op de SFT-lijst 2017.

[6] Bijvoorbeeld Froerer & Connie (2016), McKergow (2016) en Korman (2017).

tijk.[7] Er is echter altijd al sprake geweest om de oplossingsgerichte praktijk met gedegen argumenten te onderbouwen.[8] Het eerste kader, vergelijkbaar met dit werk, werd al in het jaar 1996 geschreven.[9]

Het hier expliciet maken van de onderbouwing zal volgens ons nuttig zijn voor de verdere ontwikkeling van de oplossingsgerichte praktijk. De theorie komt tot uiting in de conceptuele aannames, in de begrippen en vooronderstellingen die we eraan toeschrijven, en in de beschrijvingen van de praktijk die we gebruiken.

De oplossingsgerichte praktijk werd in eerste instantie ontwikkeld in een therapeutische context. Kenmerkend is dat het zich heeft ontwikkeld in de context van zowel gezinstherapie als individuele therapie. Zo moest de oplossingsgerichte praktijk zich vanaf het begin oprekken en voldoende robuust en flexibel zijn om relevant en passend te zijn bij het werken met zowel individuen als groepen. Vanaf de jaren '80 heeft de oplossingsgerichte praktijk zich verspreid over verschillende werkvelden zoals coaching, opleiding, groepswerk,

---

[7] Zo schreef Steve de Shazer in Words Were Originally Magic (1994) waar het oorspronkelijk magisch was: "Ik besloot dat mijn enige toevlucht was om Wittgenstein's advies (1958) op te volgen en afstand te doen van alle theorieën" (de Shazer, 1994, blz.32) en in het bekende interview met Michael Hoyt zei hij: "Laat de theorie niet in de weg staan. Theorieën zullen je verblinden."(Hoyt, 2001, blz..29).

[8] De eerste theoretische redenering werd gepubliceerd in 1974 (Weakland et al. 1974).

[9] Berg & De Jong (1996).

leiderschap, organisatieontwikkeling en advieswerk. Deze theorie is bedoeld om toepasbaar te zijn op alle verschillende gebieden van oplossingsgericht werken, hoewel voorbeelden en beschrijvingen onbedoeld enige vooringenomenheid zouden kunnen laten zien vanuit de therapeutische context, vanwege de achtergrond van de auteurspraktijken en de oorspronkelijke ontwikkeling in deze context. Verdere discussies en analyses zullen waarschijnlijk laten zien of en waar deze theorie desgewenst verder ontwikkeld dient te worden om toepasbaar te zijn. In de 'Solution Focused World' is de theorie net zo nuttig als ze pragmatisch is. Theorie dient onderzoek mogelijk te maken, mensen in de dagelijkse praktijk te ondersteunen en de kwaliteit van de dienstverlening aan cliënten te verbeteren.

We gebruiken de term "oplossingsgerichte praktijk" als de naam van deze theorie om zowel de initiatiefnemers als andere en recente ontwikkelaars binnen en buiten de therapeutische context te erkennen. Sommige lezers zijn wellicht bekend met de term "*Solution Focused Brief Therapy*" (SFBT) oftewel "oplossingsgerichte kortdurende therapie" uit de therapeutische context. We erkennen dat deze naam deel uitmaakt van de geschiedenis van de wijze waarop de praktijk werd uitgevoerd, hetgeen in dit document wordt verkend en uitgebouwd. Anderen in het werkveld gebruiken het begrip "SF-praktijk of oplossingsgericht werken" bij het beschrijven van wat we hier *oplossingsgerichte praktijk* noemen.

De woorden "cliënt" en "cliënten" worden hier gebruikt als een verzamelnaam voor hen die op zoek zijn naar samenwerking en ondersteuning in hun veranderingstraject. Alle cliënten maken deel uit van vele groepen, zoals een stel, een gezin of een team met hun eigen unieke waarden, taalgebruik, doelen en gedrag. Het is gebruikelijk om met deze groepen en de leden daarvan rekening te houden en hen te betrekken bij het veranderingsproces. Dit biedt namelijk mogelijkheden om hun interactiepatronen, hun verschillende standpunten en alternatieven te gebruiken, om gedragsexperimenten te doen en om meerdere gevolgen van de verandering te evalueren.[10]

Verandering bij een cliënt is dus ook voor de genoemde groepen een verandering. Als een medewerker bijvoorbeeld verandert, verandert zijn afdeling ook en verandert het bedrijf tot op zekere hoogte mee. Soms eindigt datgene wat begint als de verandering van één persoon als een grootschalige verandering binnen de gehele organisatie. Soms werkt het ook andersom en stelt de organisatie of specifieke instelling eisen aan de verandering van een persoon.

Deze specifieke groepskwesties worden meestal impliciet in ons tekst- of taalgebruik aangegeven. Een vraag aan de cliënt kan dan een vraag zijn die uitnodigt tot het geven van individuele antwoorden van de vele personen in de groep, of tot een antwoord leiden van één persoon, die de groep als ge-

---

[10] de Shazer (1991).

heel vertegenwoordigt. De SF-praktijk onderscheidt het individu van de interacties in de groep, zonder het individu te bevoorrechten ten opzichte van het collectief.

De theorie kent drie onderling samenhangende onderdelen. Het eerste deel beschrijft de context van de oplossingsgerichte praktijk. In het tweede deel wordt het conceptueel denken en het basismodel van de oplossingsgerichte praktijk beschreven, samen met de presentatie van de belangrijkste ethische keuzes en aannames. Tot slot worden karakteristieke elementen en kernthema's van oplossingsgerichte gesprekken belicht in de beschrijving van het veranderingsproces. De hieronder beschreven onderdelen overlappen en hebben ook betrekking op elkaar en hebben allemaal iets unieks. De praktijk kan bijvoorbeeld niet volledig worden beschreven of uitgelegd, omdat taal als zodanig niet alles kan vangen of vastleggen. Elk moment in het leven is uniek, en verschillend van wat concepten kunnen omvatten. Voor ons denken zijn inzichten nodig, en aan de andere kant zijn "inzichten zonder concepten blind"[11].

Net zoals het geval was bij de oorspronkelijke oplossingsgerichte ontwikkelaars willen we gericht blijven op wat er in de praktijk gebeurt zonder afgeleid te worden door of verdwaald te raken in allerlei verklaringen, iets wat tussen beroepsbeoefenaars gemakkelijk kan gebeuren. Hoe dan ook, we willen op deze plaats enkele basisconcepten toelichten om uit te

---

[11] Kant (1914, blz.75).

leggen hoe er in de oplossingsgerichte praktijk wordt gewerkt.

Zowel de uitleg als de beschrijving kunnen worden gezien als
wederzijds afhankelijke conceptuele kaders van de opper-
vlakken van een ruimte (zie kubus figuur voorblad) die door
de praktijk wordt gecreëerd.

Onze acties en hoe we dagelijks leven, wordt beschreven en
uitgelegd vanuit verschillende kanten en hoeken. Echter, ons
handelen kan, en zal door middel van creativiteit, op vele
manieren verder gaan dan de theorie en beschrijvingen. Dit
zal niet zo worden waargenomen in de termen van theorie of
beschrijving, tenzij we de theorie of beschrijving uitbreiden.
Ons standpunt is daarom dat de praktijk fundamenteel is
voor de reflectie tijdens het heen en weer schommelen tussen
beschrijven en verklaren van wat mensen doen.

I. Handelen: in de context staan

Handelen of in de context staan, geldt voor ons allemaal, het
is iets wat je niet naast je neer kunt leggen. Mensen kunnen
stoppen met denken en reflecteren of zelfs volledig onbewust
zijn van hun doen en laten, maar ze kunnen niet stoppen
met "handelen". Bovendien worden alle vormen van
menselijk handelen onvermijdelijk uitgevoerd in een

bepaalde context. Het concept "context" wordt hier gebruikt als een manier om verschillende praktijken van elkaar te onderscheiden. Dit hoofdstuk beschrijft wat de context is voor de oplossingsgerichte praktijk en welke context er door en binnen de oplossingsgerichte praktijk wordt gecreëerd.

Alle professionele praktijken, ook de oplossingsgerichte praktijk, gebeuren ergens, op een bepaald moment, en in directe of denkbeeldige relatie tot iemand en iets wat wordt aangeduid als "in de context zijn".

Contexten zijn sociale interactionele situaties die een omlijsting geven aan hoe mensen waarnemen, taal gebruiken en interpreteren en handelen. Je "beter voelen" betekent iets anders bij een arts dan wat het betekent bij je partner, bijvoorbeeld. Over de betekenis van "zich beter voelen" kan ook binnen de context worden onderhandeld. '"Beter voelen" bevat verwijzingen naar ervaringen uit het verleden en hoop voor de toekomst. Woorden kunnen worden gegeven aan wat in de praktijk niet articuleerbaar is en de betekenis van de context veranderen, zoals "me beter voelen omdat jij me serieus neemt, wat in principe de kwestie is".[12]

Mensen creëren en veranderen hun context. Wat relevant is in een coaching sessie is dus anders dan wat relevant is in een therapiesessie.

---

[12] Miller & McKergow (2012).

Contexten definiëren ook relaties en rollen. In een spreek-
kamer bijvoorbeeld is de relatie tussen twee personen com-
plementair; een cliënt die hulp zoekt, kan bijvoorbeeld een
therapeut of een coach zien als zijnde in de superieure positie.[13] Deze zelfde mensen die elkaar tijdens een feestje ont-
moeten zullen dan niet hetzelfde type relatie hebben, hoewel
de context van hun therapeutische of coaching relatie nog
steeds van invloed kan zijn op hun interacties op het feestje.
Bovendien gedragen mensen zich, afhankelijk van de context, anders. Zorgverleners ervaren dit vaak wanneer ze een
groep patiënten naar buiten begeleiden, naar een restaurant,
en het gedrag van de patiënten heel anders is dan op de zorg-
afdeling.

Deze contexten van sociale interacties zijn afhankelijk van
individuele reflecties en vice versa.[14] Dit betekent dat het
geven van betekenis niet los kan worden gezien van de context waarin woorden en handelingen worden gebruikt en
geïnterpreteerd. Bovendien verwijst elk gebruikt woord naar
andere woorden en handelingen in andere contexten die door
andere personen met andere betekenissen worden gebruikt.
Contextuele betekenis houdt ook een meer algemene oriëntatie (of een gevoel van) in op wat er in de interactie aan de
orde is en de implicaties daarvan ten aanzien van het verle-

---

[13] Cliënten als zichzelf inhurende kopers kunnen zichzelf ook als superieur
zien.

[14] Lauth (1989).

den en de toekomst.[15] Het categoriseren van iemand, als bijvoorbeeld "moeder" of "schizofreen", kent betekenis toe aan
deze persoon en de context. Deze betekenisgeving is meer en
in de meeste gevallen verschillend van het geven van een
naamplaatje aan een ding. Het houdt een complex proces en
geschiedenis in van intenties, waarden, ervaringen, en sociale interacties.

De specifieke context van waaruit het oplossingsgerichte
werk zich oorspronkelijk ontwikkelde, was de wereld van de
psychotherapeutische praktijk welke vaak gedefinieerd wordt
als "talking cure"[16]. Het gesprek, de conversatie (talk) , wordt
gezien als het voertuig voor verandering of het herstel van de
cliënt, (cure) en is daarom een belangrijk aandachts-, reflec-
tie- en onderzoeksgebied. In deze context zoekt iemand die
problemen ervaart in haar of zijn leven vertrouwelijke hulp[17]
bij een beroepsbeoefenaar. Soms kan deze hulp, b.v. een
oplossingsgericht therapeut of coach, de context waarin de
cliënt de verandering wil, waarnemen of ervaren, bijvoorbeeld wanneer de beroepsbeoefenaar een hele familie of
werkgroep ontmoet.

---

[15] Miller (2008).

[16] de Shazer et al. (2007). "Talking Cure" werd voor het eerst geïntroduceerd
in 1895 door Joseph Breuer en Sigmund Freud in *Studien über Hysterie*.

[17] Vertrouwelijkheid heeft bijvoorbeeld een grote rol gespeeld in de definitie
van psychotherapie. Dat wil zeggen dat de beroepsbeoefenaar waarborgt
dat buitenstaanders niet te horen krijgen wat in de gespreksruimte besproken is.

Wat cliënten en de beroepsbeoefenaren samendoen, is meestal een tijdelijke aanvulling op het leven van cliënten, en de cliënten gebruiken de therapeutische ervaringen als ondersteuning voor hun veranderingen.[18]

Het omgaan met problemen leidt in dit verband meestal tot een gesprek over de negatieve gevolgen ervan: wat is er mis, wat veroorzaakt de problemen en welke hindernissen moeten worden overwonnen. We zullen hier laten zien dat de oplossingsgerichte praktijk een ander soort context creëert, vaak "solution-building" of "bouwen aan oplossingen"[19] genoemd. De oplossingsgerichte praktijk legt de nadruk op de competenties van de cliënt, op het eigenaarschap en op de successen uit het verleden. De oplossingsgerichte praktijk is gefocust op interacties hoe cliënten hun resources en sterke punten kunnen gebruiken om de best mogelijke veranderingen te realiseren voor een beter leven. Deze theorie is daarom een theorie over hoe verandering in de oplossingsgerichte praktijk plaatsvindt en hoe het cliënten ondersteunt bij het doorvoeren van die veranderingen in hun leven.[20]

Naarmate de oplossingsgerichte praktijk zich uitbreidde tot andere werkterreinen, zoals coaching, onderwijs, groepswerk, leiderschap, organisatieontwikkeling en advisering, zijn de woorden, het taalgebruik en de handelswijze van de

---

[18] Meestal gebruiken cliënten hun therapeutische ervaring tijdens hun dagelijkse leven.

[19] Bijvoorbeeld De Jong & Berg (2012); Miller & McKergow (2012).

[20] Bavelas, J., Korman, H., DeJong, P., Smock, S. (2016).

oplossingsgerichte praktijk tot op zekere hoogte veranderd en zullen zij – tot op zekere hoogte – in de toekomst blijven veranderen. Bij coaching is er bijvoorbeeld geen behoefte aan hulp bij problemen, maar aan de wil om zich verder te ontwikkelen en om bepaalde doelen te bereiken. De volledige reikwijdte van de contexten, waar de oplossingsgerichte praktijk bruikbaar is en waarde kan toevoegen, is nog steeds groeiende.

Een algemene definitie van de oplossingsgerichte praktijk in deze verschillende praktijkgerichte contexten is: cliënten krijgen ondersteuning voor verandering van een beroepsbeoefenaar op basis van de resources, vaardigheden, sterktes, toekomstige verwachtingen en de interactie in hun omgeving. Voor de cliënten betekent dit het formuleren en toepassen van nieuwe aanwijzingen voor zichzelf, voor anderen en de toekomst.[21] Dit is dus een theorie die beschrijft hoe je de verandering van de cliënt ondersteunt.[22]

De praktijk, zoals hierboven aangegeven, impliceert ook meer dan de hier beschreven interactie. Zelfs de meest intieme gesprekken in 'talking cures' hebben betrekking op de interactie in relatie tot persoonlijke, sociale, juridische, politieke, culturele en religieuze kwesties (om er maar een paar te noemen). Geen enkele beschrijving of uitleg kan ooit volledig recht doen aan het leven. Er is altijd meer dan de be-

---

[21] Zie ook Miller & McKergow (2012).

[22] Bavelas, J., Korman, H., DeJong, P., Smock, S. (2014).

schrijving of uitleg. Aangezien de praktijk de open ruimte van het leven creëert, de context is van toegeschreven betekenissen en een voortdurend proces is dat met elkaar in verband staat, zal de praktijk onvermijdelijk veranderen en evolueren over tijd en ruimte heen.

In de volgende paragrafen zullen we de oplossingsgerichte praktijk beschrijven, de focus van aandacht, het gebruik ervan en de redenen om voor deze praktijk te kiezen in plaats van andere methodes om in de context te zijn.

II. Onderbouwing:

Waarom oplossingsgericht zijn?

Sommige beroepsbeoefenaars zeggen dat de beschrijvingen van de oplossingsgerichte praktijk, samen met het groeiende empirische bewijs dat oplossingsgerichte handelingswijzen efficiënt en effectief zijn[23], reden genoeg zijn om deze praktijk te gebruiken.[24] De oplossingsgerichte praktijk is tegelijkertijd niet gebaseerd op alleen beschrijvingen, klinische resultaten, sociale acceptatie of persoonlijke stijl, maar ook op consistente redeneringen en bepaalde aannames en waar-

---

[23] Macdonald (2017).

[24] de Shazer (2006).

den. Kiezen voor de oplossingsgerichte praktijk is gebaseerd op zowel theoretische argumenten als op gemaakte ethische keuzes.

Dit hoofdstuk exploreert de redenatie met betrekking tot drie aspecten van de oplossingsgerichte praktijk als een activiteit die het doel heeft om cliënten te helpen veranderen met behulp van: 1) de betekenisgeving van hun situatie, 2) zelfbeeld en richting en 3) overeenstemming met het dagelijks handelen. Dit hoofdstuk eindigt met een samenvatting van de belangrijkste aannames, waarden en overtuigingen van de oplossingsgerichte praktijk.

Veranderen van betekenisgeving

De praktijk van oplossingsgericht werken is deels een filosofische poging om te praten over wat voor de cliënt zinvol is teneinde ervaringen te conceptualiseren en hoe dit kan helpen om ervaringen, van "zich beter voelen" of "zichzelf beter begrijpen", te bevorderen. Wanneer cliënten met een oplossingsgerichte beroepsbeoefenaar gaan werken om gewenste resultaten te behalen, zijn dit veelvoorkomende verzoeken. Het oplossingsgerichte standpunt bepleit dat de taalfilosofie[25] een sterk argument heeft ten aanzien van het behulpzaam zijn van andere mensen in de dagelijkse praktijk, omdat het gebruik van taal een fundamenteel element van gespreksvoering is. Het begrijpen en uitleggen van de betekenis van betekenisgeving tijdens het voeren van gesprekken is derhalve van groot belang. Dit betreft inclusief het zinvol omgaan met percepties, gevoelens, gedachten en intenties.

Betekenisvolle zinnen creëren een conceptuele kaart van de wereld

Ludwig Wittgenstein en zijn sociaal constructionistische filosofie is een belangrijke inspiratiebron bij het conceptualiseren van de relatie tussen taal en wat wij "de werkelijkheid" noemen[26]. Wittgenstein beweerde dat de grenzen van onze taal de grenzen van onze wereld bepalen, en dat wereld en leven één zijn.[27] Taal is dus niet slechts een verzameling woorden. Het is volgens hem de uitdrukking van een levensvorm, een manier van leven.[28] Wat gewoonlijk feiten ge-

---

25 Deze term is bedoeld om een verscheidenheid aan filosofische inspanningen (d.w.z. transcendente filosofie (bijvoorbeeld: Lütterfelds: Fichte en Wittgenstein, 1989), sociaal constructivisme (bijvoorbeeld: Hacking: The Social Construction of What?, 1999) of enactivisme (bijvoorbeeld: Hutto & Myin: Radicalizing Enactivism, 2012) die verband houden met de kernargumenten van Wittgenstein's denken, zonder in detail te treden. In die zin nemen we fundamentele argumenten uit de "taalfilosofie" die enkele theoretische implicaties van de oplossingsgerichte houding verklaren.

26 Miller & McKergow (2012).

27 Wittgenstein: Tractatus logico-philosophicus, 5.6 en 5.621.

28 Wittgenstein: Philosophical Investigations.

noemd worden, zijn geen dingen, maar het zijn verbale uitdrukkingen van betekenisvolle zinnen. Deze feiten geven een beeld van de werkelijkheid en zijn samen een toonbeeld van de wereld. Woorden en zinnen hebben echter geen vastgestelde betekenis. Ze putten hun betekenis uit de context van levensgebeurtenissen en deze betekenissen worden gebruikt in relatie tot andere mensen. Dus wat iemand zegt, krijgt betekenis door iemands dagelijks handelen.[29] Zo ziet – zoals Wittgenstein het uitdrukte – de wereld van de gelukkigen er heel anders uit dan die van de ongelukkigen.[30]

Menselijke ervaring is niet eenvoudigweg gegeven, het is eerder een conceptuele kaart of netwerk waarin de zingeving en betekenis varieert naar gelang het moment, de plaats en de manier waarop men zich tot anderen verhoudt.[31] Woorden, zinnen, gedachten en handelingen hebben volgens Wittgenstein (1969) daarin uiteenlopende verwijzingen, denotaties, connotaties, implicaties, dubbelzinnigheden en tegen

---

[29] Wittgenstein: Over zekerheid, § 229.

[30] Wittgenstein: Tractatus logico-philosophicus, 6.43.

[31] Wanneer we het hebben over taal of ervaring als een model of kaart van de wereld, gecreëerd vanuit een netwerk van betekenisvolle tekens, moeten we ons ervan bewust zijn dat daar geen "wereld" achter zit. We kunnen weten, omdat het weten alleen binnen deze conceptuele kaders valt. Er kunnen echter concepten noodzakelijk zijn en een daarvan kan het concept van een "wereld" of "ding-in-zichzelf" zijn om een Kantiaanse term te gebruiken.

strijdigheden.[32]

In die zin kan de deels filosofische inspanning binnen de oplossingsgerichte praktijk, worden opgevat als een gezamenlijke activiteit die de wereld verandert.[33]

De wereld is onzeker

Er zijn twee implicaties van het begrip betekenis als gevolg van sociale interactie die hier genoemd dienen te worden. De implicaties verwijzen ook naar de volgende paragrafen. De *eerste implicatie* gaat over hoe sociale interacties regels definiëren. Omdat er oneindig veel manieren zijn om zinnen te maken of zelfs nieuwe woorden, gedachten en handelingen te bedenken, ziet dat er volgens Wittgenstein uit alsof er geen mogelijke fundamenten zijn voor taalspelletjes en zingeving.[34] Radicale constructivisten beweren inderdaad dat dit het geval is, terwijl anderen wijzen op de inherente zelfcontradictie van dergelijke beweringen.[35] Namelijk, als er

---

32 De verschillende termen die we hier gebruiken (modellen, kaarten, netwerken) geven verschillende betekenisaspecten aan. Eén aspect is dat van representatie, abstractie en het benadrukken van bepaalde aspecten bij het denken over taal als model of kaart. Een ander aspect is dat van onderlinge afhankelijkheid, verwevenheid en het verbinden met of verwijzen naar andere aspecten bij het denken aan een netwerk van betekenissen en taalspellen.

33 Een andere metafoor voor deze activiteit is te zeggen dat het gesprek "de wereld van de cliënt oprekt" (McKergow, 2020).

34 Wittgenstein: Philosophical Investigations.

35 von Foerster & Pörksen (2002).

volgens hen geen fundering voor betekenisgeving zou zijn, hoe zou er dan überhaupt betekenisgeving zijn?

Deze vraag raakt aan de fundamentele vraag van zeker weten en waarheid, en we stellen ons hier bescheiden op aan de hand van een observatie die in overeenstemming is met Wittgenstein's redenering. Het beeld dat mensen hebben van de werkelijkheid varieert in uitersten tussen culturen en tijden, en men dient heel voorzichtig te zijn met het beoordelen en vergelijken van het onvergelijkbare. Elke vorm van leven echter, met alle mogelijke verschillen van dien, berust op oordelen die kunnen worden voorgesteld als scharnieren waarop het afwisselende systeem van betekenis geven draait. Elke vorm van leven, en elk betekenisvol conceptueel netwerk, rust op oordelen die binnen deze vorm van leven niet redelijkerwijs kunnen worden betwijfeld. Wittgenstein (1969) noemt deze fundamentele uitspraken "scharnieren van ons wereldbeeld". We leren deze uitspraken niet expliciet aan, maar we kunnen ze ontdekken als een rotatie-as die wordt gedefinieerd door de beweging eromheen.[36] Of men het nu eens is of niet met wat transcendente filosofen omschrijven als "universele a priori concepten van kennis"[37], het belangrijke punt is dat deze fundamentele oordelen geen onderdeel zijn van empirisch onderzoek. Ons leven laat bijvoorbeeld zien dat we er zeker

---

[36] Wittgenstein: Over zekerheid, §152.

[37] Dit is de beweegreden van Kant in de *Kritiek van de zuivere Rede* of van Fichte in zijn *Wetenschap van de Kennis*.

van zijn dat er geen stekker op de bodem van de zee ligt, hoewel niemand ooit de moeite heeft genomen om daar empirisch bewijs voor te vinden. Sterker nog, dit geldt voor onze ervaring in het algemeen. Zo kunnen we niet zonder het begrip causaliteit als we bijvoorbeeld "Ik zie de zee!" zeggen. Er is vanzelfsprekend, geen enkele behoefte om dit fundamentele oordeel over onze zinvolle kijk op het leven, zoals genoemd in het voorbeeld, te expliciteren. Over het algemeen komen deze beweringen gewoon tevoorschijn, net zoals het leven zelf.[38]

Ondersteuning bij het nastreven van een doel

Wanneer iemand vastzit met betrekking tot een probleem of wil veranderen en geen manier vindt om deze verandering tot stand te brengen of daartoe mislukte pogingen tot verandering ervaart, drukt hij de problematische ervaring meestal uit als vastgelopen zijn, onzeker zijn, zich ongemakkelijk voelen, verontrust zijn, verward zijn met zichzelf en met anderen en/of met de huidige leefsituatie, of hun doelen niet weten te bereiken. Het is gebruikelijk om zich wanhopig en ontspoord te voelen. Dit brengt ons bij een *tweede implicatie*. Wanneer mensen hulp zoeken, betekent dit dat ze een soort belemmering ervaren bij het nastreven van een doel. Iets wat er *zou moeten zijn* of er *zou kunnen zijn* is er niet. De diepere zin van activiteiten, van hoop en intenties wordt waarden

---

[38] Wittgenstein: Over zekerheid, § 559.

genoemd.[39] De waarden van de cliënt die in een gesprek in het geding zijn, vormen bij wijze van spreken de ruggengraat van het gesprek. Er wordt niet noodzakelijkerwijs over deze waarden gesproken, echter, oplossingsgerichte beoefenaars dienen zich hiervan bewust te zijn en de keuze van mensen voor deze waarden te respecteren. Dit houdt tevens in dat mensen het vermogen hebben om hun acties in relatie tot anderen en de wereld te bepalen.

Deze redenering over waarden heeft enkele belangrijke theoretische consequenties. In het kielzog van Wittgenstein's denken, argumenteren oplossingsgerichte beroepsbeoefenaars dat er geen passende wetenschappelijke manier is om betekenis te verklaren door middel van causale ketens. Het is niet zo dat causale samenhang wordt opgevat als een willekeurige fantasie, maar het kan gewoonweg geen semantische relaties verklaren. Kortom, oplossingsgerichte beoefenaars begrijpen interacterende personen en de uitwisseling van betekenis niet zoals bepaald bij causale invloeden, of het nu om natuurkundige wetten gaat, sociale of economische machtsstructuren, hersenen, DNA, of objecten. Er bestaat geen twijfel over dat het zinvol is om over causaliteit te spreken. Causale invloeden bepalen echter niet de betekenis van de woorden of van welk betekenisvol gesprek dan ook.

Het tweede argument uit de taalfilosofie die oplossingsgerichte beoefenaars serieus nemen, is, dat persoonlijke

---

[39] Raz (2017).

33

percepties, gedachten, overtuigingen, motieven, waarden, verklaringen, scripts, of wat dan ook, niet alleen bepalend zijn voor de betekenis van de woorden die we gebruiken en de handelingen die we verrichten, hoewel de meesten van ons denken dat ze dat wel zijn. In plaats daarvan vertrouwen oplossingsgerichte beroepsbeoefenaars op wat men zou kunnen noemen "creatieve interactie", waarbij betekenisgeving wordt gecreëerd in de gebeurtenissen van het leven tussen mensen en dit is de basis voor oplossingsgerichte verandering.

Vanzelfsprekend betekent dit niet dat dergelijke persoonlijke gedachten irrelevant zijn, ze hebben echter niet de exclusieve controlerende kwaliteit die soms aan hen wordt toegeschreven.

Verandering als nieuwe zingeving in het dagelijks leven

In het verlengde van het voorgaande argument laat betekenisgeving zien hoe mensen hun leven leiden, hoe ze zich verbinden met andere mensen en hoe ze omgaan met de gebeurtenissen en situaties in het dagelijks leven. Oplossingsgerichte beroepsbeoefenaars besteden daarom aandacht aan de gedetailleerde beschrijvingen van het dagelijks leven van mensen om bruikbare zinnen, woorden en handelingen te ontdekken of te creëren, die mensen in staat stelt om te krijgen wat zij denken dat bruikbaar voor hen is, en om te gaan met datgene wat hen ertoe bracht om professionele hulp te zoeken.[40] De focus van het gesprek is gericht op de interactie tussen mensen. Ten eerste, *tussen* de beroepsbeoefenaar en de cliënt, ten tweede, *tussen* de cliënt en belangrijke andere personen in hun leven, die toekomstig gedrag zullen ervaren. Vaak dragen belangrijke anderen en ook veranderingen in de omgeving significant bij aan de gewenste verandering, omdat betekenisgeving *tussen* mensen noodzakelijkerwijs een gezamenlijke onderneming is. Praten over vergeten, verborgen, nieuwe of over het nog niet overwogen ten nutte maken van gebruikte taal zet een proces van co-constructie tussen mensen op gang waarin aangepaste of nieuwe betekenissen worden voortgebracht.[41] Ook dit is een onderdeel van de oplossingsgerichte praktijk.

Het veranderen van zelfperceptie en richting

Een ander aspect van de oplossingsgerichte praktijk is het inspelen op verzoeken van cliënten om veranderingen in hun leven door te voeren. Deze veranderingen kunnen gaan over het veranderen van de perceptie van zichzelf en hun wereld, het oriënteren van zichzelf, het uitbreiden van mogelijkheden, het zich aanpassen aan beperkingen, het oplossen van problemen en het aanpakken van uitdagingen. Dit wordt

---

[40] Enkele uitwerkingen en praktijkvoorbeelden zijn te vinden in: McKergow & Korman (2008) en Iveson & McKergow (2016).

[41] McGee, Del Vento, & Bavelas (2005).

vaak uitgedrukt als: "Wat kan of moet ik doen?" – "Hoe kan ik dit veranderen?" – "Hoe kan ik dit realiseren?" Vanuit dit perspectief is de oplossingsgerichte praktijk een sociale praktijk om cliënten te helpen meer tevreden te zijn met zichzelf en te helpen met hun antwoorden op hun levenssituatie. In dit opzicht is de oplossingsgerichte praktijk[42] een cliënt gerichte praktijk die de ervaringen, het wereldbeeld en de waarden van de cliënt als basis neemt voor de hulp.

De oplossingsgerichte veronderstelling is, zoals hierboven geformuleerd, dat iedereen op zich in staat is om een zinvol leven te leiden en dat ook al heeft gedaan, ook al denkt of voelt men zich vastgelopen op een bepaald moment.[43] Mensen zijn in het verleden ook moeilijkheden te boven gekomen. Bovendien kunnen ze zich aanpassen aan hun levensomstandigheden en lukt het om met elkaar om te gaan. Ook al kunnen ze dat misschien niet in een consistent verhaal beschrijven, mensen hebben een doel in het leven.[44] Dat maakt ze vindingrijk, bekwaam en veerkrachtig. Met andere woorden, mensen hebben een zekere mate van zeggenschap, en in die zin zijn ze de experts van hun eigen leven. Wat betreft de zeggenschap van cliënten in hun leven, kunnen beroeps-

---

[42] Meer hierover bijvoorbeeld op: http://journeys.getsynap.com/the-difference-in-being-customer-centric-vs.-customer-focused. Ook overeenkomsten met Rogers (1951).

[43] Erickson (1980).

[44] Het herstellen van het doel kan een uitdaging zijn in sommige levenssituaties, zoals bij het verlies van geliefden.

beoefenaars niet weten waar cliënten voor kiezen en dus doen oplossingsgerichte beroepsbeoefenaars daar geen aanspraak op.[45] Het helpen van cliënten om hun eigen keuzevrijheid, bekwaamheid en resources in het licht van hun levensdoel te zien, wordt beschouwd als een respectvolle, versterkende en effectieve manier om hen in staat te stellen door te gaan met hun leven en alles te overwinnen wat hen ertoe aanzette om steun te zoeken. Dit is het oplossingsgerichte concept over mensen (personen).[46]

Bouwen vanuit competentie en veerkracht

Gezien het feit dat mensen hun wereld al hebben geconstrueerd en deze wereld niet altijd even zinvol en betekenisvol blijkt te zijn, is die wereld dat toch nog steeds tot op zekere hoogte en in bepaalde contexten. Daarom is er altijd iets om op voort te bouwen, en zelfs in schijnbaar wanhopig ogende situaties kunnen mensen op de proppen komen met verbazingwekkende coping-vaardigheden, resources en veerkracht. Zo roept de coach of therapeut de cliënt op om op zoek te gaan naar zijn persoonlijke zeggenschap en invloed op zijn leven door hem uit te nodigen om zijn specifieke inventaris (kwaliteiten, vaardigheden, resources, enz.) te benoemen in vloeiende, verbale vorm. Derhalve stellen oplossingsgerichte beroepsbeoefenaars gebruikelijk geen vragen over hoe en waarom de situatie zo wanhopig werd, noch zul-

---

45 Dit wordt gewoonlijk "niet weten" genoemd (Anderson & Goolishian, 1992).

46 In het Duits "Menschenbild".

len zij details verzamelen over alle tegenslagen.[47] In plaats daarvan stelt de oplossingsgerichte beoefenaar vragen over hoe de cliënt bijdraagt aan het stabiel houden van de situatie in plaats van dat het erger wordt.

Om te praten over hoe cliënten verder kunnen met hun gevoel en zingeving, is het niet nodig om hun kijk op de wereld (al hun zinnen en scharnieren) volledig te begrijpen of te analyseren, maar is het voldoende om een werkbare oplossing vast te stellen die de cliënt in staat stelt om door te gaan met zijn of haar leven. Dit houdt in dat wat de cliënt wil delen voldoende is om mee te werken.
Oplossingsgerichte beoefenaars denken niet dat er een overeengekomen en eenduidige manier van leven dient te zijn en ze waarderen de diversiteit aan unieke oplossingen van elke cliënt.

Omdat respect voor en ondersteuning van zowel het doel als de kijk op de wereld van de cliënt is gekozen als basis van de oplossingsgerichte praktijk, wordt erop vertrouwd dat cliënten weten welke veranderingen ze voor ogen hebben en dat ze zo goed mogelijk samenwerken om de verandering te realiseren.[48] Dit betekent dat de oplossingsgerichte praktijk de relatie met de cliënt baseert op het uitgangspunt van respect voor de overtuigingen, autonomie, veiligheid en behoeften van de cliënt. Het betekent ook dat de beroepsbeoefenaar er-

---

47 McKergow & Korman (2008).

48 Zie bijvoorbeeld: *Solution Focused Therapy Treatment Manual* (SFBTA, 2013).

naar streeft om betrokkenheid bij het leven van de cliënt te minimaliseren.[49] Dit wordt gedaan om het mensen mogelijk te maken zichzelf in staat te stellen een zinvol leven te leiden volgens hun eigen waarden. Empowerment wordt opgevat als het uitnodigen van cliënten om zich bewust te worden van hun autonomie en zeggenschap bij het nemen van de controle over de betekenisvolle verandering die zij nastreven. Het is meestal persoonlijke empowerment, tot op zekere hoogte interpersoonlijke empowerment in relatie tot belangrijke anderen, en soms sociaal-politieke empowerment, om toegang te krijgen tot bronnen en om vraagtekens te zetten bij algemeen aanvaarde waarheden.[50] Uit deze keuze volgt dat de oplossingsgerichte praktijk niet het definiëren van een norm betekent volgens een numerieke traditie in statistische beschrijvingen. Het begrip "normaal" is eigenlijk leeg en er is altijd alleen uitzondering en verandering.[51] Normaliteit in de geestelijke gezondheid en het leven is een culturele, ideologische en politieke keuze.[52] Deze keuze mag niet verward worden met de normatieve waarde over hoe personen dienen te zijn, of over hoe het leven geleefd dient te worden. Het versterken van de competenties van de cliënt vereist dat de beroepsbeoefenaar als gespreksverantwoordelijke een veilige

---

[49] Deze ethische keuzes worden nader beschreven in de EBTA-ethiekcode (2015).

[50] Rappaport et al. (1984).

[51] de Shazer (1994, p107).

[52] Berger, Luckmann, Zifonum (2002).

en comfortabele interactieruimte creëert; dat wil zeggen een ruimte waar cliënten hun gedachten goed kunnen uiten en waar de beroepsbeoefenaar open, nieuwsgierig, respectvol, waarderend en oprecht is naar cliënten toe. Dit vereist tevens dat de beroepsbeoefenaar voortbouwt op hoop, positieve emoties, deugden, zorgzaamheid, liefde, compassie, dankbaarheid en sympathie voor de cliënt en zijn omgeving. Aangenomen wordt dat dit alles cliënten helpt om met de huidige moeilijkheden om te gaan, de aandacht te verbreden, tekenen van verandering te herkennen en zichzelf te inspireren om verandering te genereren, waardoor er meer positieve emoties ontstaan die nieuwe vaardigheden voor verandering oproepen.[53]

Oplossingsgerichte beroepsbeoefenaars gebruiken het vermogen van de cliënt om nuttige ervaringen van henzelf en van anderen te construeren en verder uit te bouwen zoals coping strategieën, probleemoplossende capaciteiten, leerervaringen, veerkracht, resources, sterktes, vaardigheden, talenten en successen. De beroepsbeoefenaar luistert zorgvuldig om in alle fasen van het gesprek en het veranderingsproces datgene te ontlokken en te versterken wat nuttig kan zijn. Sommige resources zijn stilzwijgend aanwezig. In probleemomschrijvingen liggen oplossingen vaak al impliciet aan de oppervlakte. Problemen kunnen worden omschreven als onvervulde hoop. Praten over je best gehoopte verwachting impliceert dat deze bereikt kan worden. Praten over ver-

---

[53] Fredrickson (2013), Shick (2017).

anderingen in het verleden impliceert dat meer veranderingen mogelijk zijn. Als cliënten zich eenmaal bewust worden van hun beïnvloedingskracht, de betekenis van hun handelen en zeggenschap, komt er minder nadruk te liggen op tekortkomingen, onbekwaamheden, motieven, conflicten, obstakels en problemen.[54]

In sommige situaties kunnen cliënten behoefte hebben aan alternatieven voor contraproductief of schadelijk gedrag, interactie, inzichten en gevoelens. In deze situaties worden cliënten geholpen om iets anders te doen binnen hun repertoire, hun waarden en referentiekader. De redenering achter dergelijke interacties lijkt opmerkelijk eenvoudig te zijn: als je ongelukkig bent met wat je tot nu toe hebt gedaan, probeer dan iets anders. Toch is het niet vanzelfsprekend om af te zien van het geven van advies en het innemen van een expert positie ten aanzien van waar de cliënt zou kunnen of moeten zijn.[55]

---

[54] Er is veel onduidelijkheid over "empowerment". Bovendien is er onder oplossingsgerichte beoefenaars niet veel gesproken over hoeveel of met welke resources beoefenaars de empowerment van hun cliënt ondersteunen. Een groep genaamd *The Solution-Focused Collective* startte in 2018 een beweging om sociale verandering aan te pakken om te voorkomen dat publieke problemen worden vertaald naar persoonlijke problemen (The Solution-Focused Collective, 2019).

[55] Over dit principe wordt gedebatteerd onder de beoefenaars. Sommigen gebruiken dit MRI-principe naast het "doe meer van wat werkt" principe. Anderen zijn voorzichtig om geen eigen ideeën te suggereren aan hun cliënten (George, 2010).

Op weg naar de best mogelijke verandering

Om de competentie van cliënten nog verder te ondersteunen, introduceert de oplossingsgerichte praktijk het idee van de best mogelijke verandering. Een best mogelijke verandering kan de visie van een cliënt zijn, een mirakelscenario, iemands beste hoop of verwachting ten aanzien van de uitkomst van het gesprek, perfect slagen of iets anders met betrekking tot de idealen van de cliënt. Het beschrijven van de best mogelijke verandering helpt cliënten om duidelijkheid te verkrijgen, het versterkt hun competenties en helpt hen om betekenisvolheid voor zichzelf te vinden.[56] Het wonder of mirakel van cliënten gebeurt soms daadwerkelijk en dit verandert het leven van de cliënt ingrijpend ten goede.

Zoals eerder gesteld wordt gespreksvoering gezien als een intersubjectieve inspanning.[57] Beide partijen werken daarin samen en dragen bij aan het resultaat. Het is onvermijdelijk dat beroepsbeoefenaars de cliënten op vele manieren beïnvloeden, met name door de aannames die zij gebruiken in hun gesprekstechnieken. Het is belangrijk dat beroepsbeoefenaren zich bewust zijn van hun persoonlijke agenda die impliciet of rechtstreeks bijdraagt aan de gespreksvoering.

Oplossingsgerichte beroepsbeoefenaars zijn zich er in dit kader van bewust dat behulpzaam zijn vanuit een oplossings-

---

56 de Shazer et al. (2006).

57 Peräkylä et al. (2008).

gerichte houding eveneens een specifieke soort van agenda is.

Enerzijds beïnvloeden oplossingsgerichte beroepsbeoefenaars, dus bewust de algemene richting van het gesprek door het stimuleren van oplossingsgericht taalgebruik. Door dit te doen, nemen oplossingsgerichte beroepsbeoefenaars verantwoordelijkheid voor hun intenties en gemaakte keuzes tijdens het gesprek. De nadruk die er bij beroepsbeoefenaars ligt om voort te bouwen op bestaande betekenis en competentie, het zoeken naar hoop en een zo best mogelijke toekomst, is al een belangrijke keuze richting de zeggenschap van de cliënt, omdat dit meestal leidt tot relatief minder gesprekken en dus aantoonbaar de afhankelijkheid van beroepsbeoefenaars in de praktijk beperkt.[58] Door gebruik te maken van de belangrijkste oplossingsgerichte aannames en de nadruk te leggen op specifieke oplossingsgerichte gesprekstechnieken, bieden beroepsbeoefenaars hun kijk op de wereld aan als een mogelijke manier voor de cliënt om te kiezen voor een kijkrichting.

Anderzijds blijven beroepsbeoefenaars zoveel mogelijk binnen de wereld van de cliënt om hun eigen invloed te beperken. In zekere zin bezoeken beroepsbeoefenaars de wereld van de cliënt en gebruiken ze hun observaties ten dienste aan cliënten om meer betekenis te geven, verandering te bevorderen, zin en betekenis te creëren en te handelen naar

---

[58] Macdonald (2017).

datgene wat voor cliënten betekenisvol is in hun leven om mee verder te gaan en het gesprek met de beroepsbeoefenaar te beëindigen.

Professionele ondersteuning waar dat gewenst is

De hierboven beschreven ethische keuzes verbieden de beroepsbeoefenaars niet om na te denken, te interpreteren of advies te geven als de cliënt hierom vraagt of de situatie daartoe uitnodigt.[59] Wanneer het anders gedaan wordt, kan dat gevaarlijk zijn voor de cliënt en als zorgplichtsverzuim gezien worden van de beroepsbeoefenaar. Interpretaties en adviezen worden zo gegeven dat ze passen bij hoe de cliënt naar de wereld kijkt als één mogelijkheid uit vele. Beroepsbeoefenaars zijn zich ervan bewust dat tegengestelde waarden gemeengoed zijn bij mensen. De beroepsbeoefenaar ondersteunt cliënten om dergelijke tegenstellingen of conflicten in waarden te wegen en op te lossen. Dit doet hij door bijvoorbeeld cliënten te helpen om een evenwicht te vinden tussen hun perspectief en hun behoefte om de wet, de sociale normen en het welzijn van anderen te respecteren.

---

[59] De SF-praktijkbeoefenaars hebben hierover verschillende meningen. Uit gesprekken met collega's hebben we gemerkt dat sommigen zeggen dat ze advies geven vermijden en anderen zeggen dat ze geen advies geven.

Het veranderen van handelen

Vanwege het vertrouwen van beroepsbeoefenaars in het vermogen van de cliënt om een zinvol leven na te streven, is de oplossingsgerichte praktijk toekomstgericht en biedt deze praktische ondersteuning die de cliënt helpt om te handelen en zijn doelen te bereiken. Dit laat tevens zien in welke mate de cliënt aanvoelt of iets verstandig is, d.w.z. bijdraagt aan een zinvoller leven.

Verandering is zinvol als de gevolgen zijn zoals bedoeld

Alles in het gesprek is erop gericht om het betekenisvol handelen van de cliënt te ondersteunen om hun waarden in de toekomst te realiseren. Veranderingen worden betekenisvol als de gevolgen ervan zijn zoals bedoeld en ze in de toekomst zichtbaar zijn. De oplossingsgerichte praktijk bouwt voort op de intentie van de cliënt om iets van waarde in de toekomst te bereiken. Hoe beter en gedetailleerder de beschrijvingen zijn van hoe men dit in de toekomst zal doen, hoe beter men weet wat men moet doen, en des te gemakkelijker het zal zijn om dit zo te doen, dus daadwerkelijk uit te voeren.[60] Zo doen-

---

[60] Positief psychologisch onderzoek naar zingeving, welzijn, welvaart en geluk geeft aan dat zingeving wordt geassocieerd met doel en *eudaimonia*, het deel uitmaken van iets meer dan zichzelf (Seligman, 2011).

de ondersteunt en versterkt de oplossingsgerichte praktijk de zeggenschap van mensen.[61]

Nogmaals, er is een heel eenvoudige reden voor deze hoop- of waarden-gedreven toekomstoriëntatie: namelijk alleen datgene wat nog niet is gebeurd, kan worden veranderd, daarom moet elke verandering nog komen.

Natuurlijk kan men altijd de manier veranderen waarop men denkt over de *betekenis* van wat al gebeurd is. Zulke veranderingen kunnen het leven ingrijpend veranderen. Toch zal deze verandering in betekenisgeving pas vanaf nu en in de toekomst plaatsvinden.

Reflecteren en evalueren

Een oriëntatie op de toekomst sluit aan bij de twee voorgaande oplossingsgerichte aspecten voor verandering. Ten eerste helpt de beroepsbeoefenaar de cliënt om de gewenste verandering te definiëren en vervolgens om te beslissen over de betekenis van de gevolgen en over alles wat anders zou kunnen zijn, wanneer de beoogde verandering wordt gerealiseerd. Dit heeft betrekking op de verandering van de waarden en de zin van het leven van de cliënt. De beroepsbeoefenaar bespreekt daarom met de cliënt, nadat deze de acties heeft ondernomen, of de op verandering gerelateerde acties in de ogen van de cliënt de gewenste betekenisvolle gevolgen hebben. Zo niet, dan herhaalt de beroepsbeoefenaar het ver-

---

[61] Walter & Peller (1992), Shennan (2016).

anderingsproces met de cliënt met als doel om er een bepaald aspect in te wijzigen. Wanneer de cliënt zich niet langer klem voelt zitten en het vertrouwen uitspreekt dat hij weet hoe hij zijn leven voort kan zetten, kan de co-constructie en samenwerking beëindigd worden. Cliënten zijn welkom om terug te keren voor een gesprek wanneer zij dat nodig achten. In de oplossingsgerichte praktijk is het gebruikelijk dat cliënten zelf bepalen hoeveel sessies in welke tussenpozen nodig zijn. Het idee om negatief over cliënten te denken, bijvoorbeeld als "draaideur" of "repeterende" cliënten, maakt geen deel uit van de oplossingsgerichte praktijk. Daartegenover zien oplossingsgerichte beroepsbeoefenaars zichzelf juist als partners in een co-constructieproces waarbij de cliënt aangeeft wanneer de samenwerking kan worden beëindigd.

Meer dan 30 jaar oplossingsgerichte praktijk toont aan dat cliënten dit soort veranderingen kunnen doorvoeren en dat daadwerkelijk doen wanneer deze co-creërende gesprekscontexten aangeboden worden.[62]

De belangrijkste aannames, waarden en overtuigingen

Wat zijn de belangrijkste aannames, waarden en overtuigingen over mensen en verandering in de oplossingsgerichte praktijk?

---

[62]Macdonald (2017) Een lijst met onderzoek publicaties over ervaringen van cliënten met de oplossingsgerichte praktijk kan hier een nuttige aanvulling zijn.

Er zijn veel overzichtslijsten van aannames, waarden en overtuigingen.[63] Op deze plaats maken we een korte samenvatting van de belangrijkste aannames, waarden en overtuigingen die in deze theorie worden gebruikt, welke kijk ze op de wereld laten zien en op welke ideologie ze wijzen.[64]

Taal is het sleutelelement in de oplossingsgerichte praktijk, omdat taal de middelen biedt om mensen hun ervaringen te laten begrijpen. Interactie met anderen geeft woorden en zinnen hun betekenis. Deze beschreven interacties maken een conceptuele kaart waarmee cliënten zich oriënteren en uitdrukken. Daarom is het verkennen van de kaart van de cliënt met behulp van de woorden van de cliënt een van de belangrijkste taken van de beroepsbeoefenaar om daarmee zowel de cliënt als zichzelf te helpen. Dit door de aandacht te richten op datgene wat de cliënt wil veranderen en daarbij ondersteunend te zijn.

De oplossingsgerichte praktijk is gebaseerd op het geloof dat mensen actief zijn: ze ontdekken de wereld door deze te verkennen en er zin aan te geven door te observeren, te denken, te voelen, hun intuïtie te gebruiken. Mensen kunnen kiezen en zijn in staat om een zinvol leven te leiden volgens hun eigen normen. Ze zijn in staat om nuttige verschillen en veranderingen op te merken, te beoordelen en te definiëren.

---

63 Bijvoorbeeld Wheeler & Vinnicombe (2011), Wells (2018).

64 Dit hier zijn voorlopige gedachten omdat het, voor zover we weten, voor het eerst wordt gedaan.

Mensen worden ook gezien als ervaringsdeskundig in het omgaan met moeilijke situaties en het overwinnen ervan.

Mensen worden verondersteld gerespecteerd te willen worden als actief, als een zinvol leven leidend volgens eigen voorwaarden, welke zich openbaart in hun vaardigheden, verlangens, uniciteit en hun bewustzijn om zinvolle dingen te doen.[65] Deze unieke levenservaringen van cliënten worden beschouwd als hun bijzondere expertise.

De oplossingsgerichte praktijk heeft de levenservaringen van de cliënt als basis genomen voor samenwerking. Deze praktijk is bedoeld om mensen te ondersteunen in hun expertise.

De beroepsbeoefenaar gaat vervolgens op zoek naar de hoop van de persoon voor de toekomst, de mogelijkheden, de creativiteit en de pogingen om deze te weerstaan en met de te veranderen situatie om te gaan. Deze focus op de gewenste toekomst van de cliënt is een keuze op basis van klinische ervaring.[66] Onderzoek geeft aan dat het focussen op positieve aspecten van het leven, op mogelijkheden, op een betere toekomst, effectieve manieren zijn om cliënten te "empoweren" om in hun eigen kracht te komen.[67]

---

[65] Dit hier zijn voorlopige gedachten omdat het, voor zover we weten, voor het eerst wordt gedaan.

[66] Gingerich & Eisengart (2004).

[67] Positief psychologisch onderzoek naar Fredriksson (2015).

Tegelijkertijd gaat de oplossingsgerichte praktijk ervan uit dat verandering plaatsvindt in de sociale context van de cliënt. Betekenis wordt gemaakt en gedeeld met anderen. De gewenste verandering krijgt zijn zin en betekenis in het handelen met anderen. Daarom gaan veel vragen over voorkeursveranderingen binnen het directe relatienetwerk en de omgeving. De nadruk ligt zowel op het mondig maken van de cliënt en het ondersteunen van onderhandelingen met anderen als op het ondersteunen van aanpassingen binnen de gegeven omstandigheden. Uitgegaan wordt van het basale uitgangspunt dat mensen in onderlinge interactie een betekenisvol leven creëren.

De oplossingsgerichte praktijk gaat ervan uit dat de beelden over verandering van mensen verschillend zijn en niet altijd bij elkaar passen. Hoewel soms, op het eerste gezicht, de voorkeur van sommige cliënten voor verandering niet bij anderen lijkt te passen, leidt een meer gedetailleerde verkenning van verschillende mogelijkheden meestal toch tot redelijke overeenstemming.

Hoe zit het met conflicten? – Sommige conflicten zijn misverstanden die worden opgelost als ze worden besproken. In andere gevallen kan de beroepsbeoefenaar bemiddeling aanbieden.[68]

Hoe ontwikkelen mensen vaardigheden? – De oplossingsgerichte praktijk heeft geen eigen ontwikkelingstheorie. In

---

[68] Bijvoorbeeld de Shazer et al. (2007).

plaats daarvan, wanneer het nodig is voor de verandering in kwestie, gebruikt de oplossingsgerichte praktijktheorieën die individuele cliënten nuttig vinden. Soms kan de beroepsbeoefenaar, die de contextuele kaart van de cliënt kent, een geschikte theorie aanbieden. Verschillende theorieën binnen de sociale psychologie, discursieve psychologie en systeemtheorie passen bij de oplossingsgerichte praktijk.

Wat maakt dat mensen problemen ervaren ondanks hun expertise? – Een antwoord op deze vraag wordt geboden door de verklaring dat de wereld een oneindig aantal contextuele kaarten met gevarieerde betekenis is, het is een complexe wereld waarin iedereen af en toe verdwaalt. Het gebruiken van de verkeerde kaart (meer doen van datgene wat niet werkt) blijkt een veel voorkomende actie bij de aanpak van moeilijkheden.[69]

Zoals te lezen is in hoofdstuk 2, paragraaf 1. "Veranderen van betekenisgeving" (p.27), hoeft de oplossingsgerichte praktijk niet te bedenken waarom of hoe problemen zich voordoen. In plaats daarvan wordt gebruik gemaakt van de persoonlijke ervaringen en kaarten van de cliënt en de concepten die zich ontwikkelen tijdens de praktijkinteractie. Dit is de dagelijkse werkelijkheid.

Als consequentie van het kijken naar de werkelijkheid als een complexe wereld met gevarieerde betekenis, is de toekomst bespreekbaar en verwisselbaar. De aanname is dat er

---

[69] Watzlawick (1988).

voortdurend veranderingen plaatsvinden en dat deze op vele manieren kunnen worden doorgevoerd. De verandering kan bijvoorbeeld plotseling, langzaam, verschuivend, permanent, gradiënt, verrassend, duidelijk, gepland, creatief, moeilijk, eenvoudig of zelfs onmogelijk zijn. Vaak leiden kleine veranderingen en verschillen tot grote veranderingen.[70] Daarom organiseren de meeste beroepsbeoefenaars hun ondersteuning zo, dat die aangepast is aan specifieke situaties, met stapsgewijze evaluatie en heroriëntatie wanneer dat een nodig is.[71]

Deze overtuigingen, waarden en keuzes laten zien dat oplossingsgerichte praktijk waarde hecht aan de uniciteit van de cliënt en tolerantie, pluralisme en empowerment als kernwaarden heeft.

III. Beschrijving: Wat maakt de praktijk oplossingsgericht?

Deze beschrijving van de praktijk is een vereenvoudigde weergave van wat er in de praktijk gebeurt, om te laten zien hoe de verklarende begrippen in de praktijk worden ge-

---

[70] Vaak genoemd "het rimpeleffect" en soms ook wel "het vlindereffect".

[71] Oplossingsgerichte praktijk wordt vaak bestempeld als "kortstondig" omdat de gewenste veranderingen vaak in kortere tijd plaatsvinden dan in de traditionele therapeutische praktijk van de 20e eeuw.

bruikt. Hier stellen we ons de vraag: Wat maakt de praktijk oplossingsgericht? Net als bij een geografische kaart worden in de beschrijving van de oplossingsgerichte praktijk specifieke kenmerken van de handelingsruimte benadrukt of weggelaten. Op deze manier helpt de beschrijvende kaart bij het onderscheiden van de oplossingsgerichte praktijk van andere "talking cures", "coaching modellen", "educatieve syllabi", enz.[72]

De oplossingsgerichte praktijk zou je wellicht kunnen zien als een oppervlakkig alledaags gesprek zonder enige uitwisseling over "diepe of verborgen oorzaken, of aanwezige aan het werk zijnde mechanistische en complexe psychopathologische processen".[73] Het is daarentegen een zeer gericht co-constructief gesprek waarin de beroepsbeoefenaar zich concentreert op het moment zelf en op de existentiële presentie van de cliënt. De beroepsbeoefenaar concentreert zich op de feitelijke uitwisseling van woorden en acties. Hij reageert van moment tot moment op wat de cliënt heeft gedaan en gezegd. Hij ontlokt en versterkt bewust specifieke oplossingsgerichte onderwerpen die aan de orde komen of voegt deze toe, hetgeen hieronder in de centrale begrippen wordt

---

[72] Zo werd het beroemde citaat "The map is not the territory", door Alfred Korzybski bedacht op de bijeenkomst van de *American Association for the Advancement of Science* in 1931, belangrijk voor veel oplossingsgerichte beroepsbeoefenaars.

[73] Oppervlakkig en het niet aanpakken van de echte, onderliggende problemen is de belangrijkste kritiek op de oplossingsgerichte praktijk (de Shazer, 1988).

uitgewerkt. De beroepsbeoefenaar doet dit op basis van wat hij van de cliënt heeft gehoord en wat, volgens de beroepsbeoefenaar, een gezamenlijke co-constructie mogelijk lijkt te maken, richting de – door de cliënt – gewenste verandering. De beroepsbeoefenaar rechtvaardigt en motiveert zorgvuldig zijn eigen gespreksbeurt om samen met de cliënt te werken aan een coherente, onderling overeengekomen beschrijving van het betreffende onderwerp. Deze continue en vaak overlappende gesprekssequenties zijn de bouwstenen van de co-constructie in het gesprek als een opeenstapeling van gedeelde betekenissen.[74]

Alhoewel de oplossingsgerichte praktijk plaats vindt binnen het domein van de wereld van de cliënt, en dit betekent dat er geluisterd wordt naar en voortgebouwd wordt op uitingen van competentie, empowerment, zeggenschap, hoop, ideeën en plannen van de cliënt voor de toekomst, vermijdt de beroepsbeoefenaar opdrachten zoals het geven van advies suggesties, het honoreren van interpretaties en verzoeken van buitenaf, behalve wanneer cliënten hierom vragen en de be-

---

[74] Aarding lijkt een universele driestappenreeks te zijn van hoe een gedeeld begrip tot stand komt. De spreker presenteert eerst nieuwe informatie. De geadresseerden reageren vervolgens of ze en hoe ze de informatie (niet) begrepen hebben. Tot slot bevestigen de sprekers dat de geadresseerde hen (niet) goed heeft begrepen. Een nieuwe aarding begint, als de geadresseerden laten zien dat ze de informatie niet begrijpen of accepteren, of als de spreker het antwoord niet bevestigt of accepteert totdat er over een gedeelde betekenis is onderhandeld. Soms blijft de betekenis onduidelijk en verzwakt dit het resultaat van de dialoog. Soms verschillen de persoonlijke betekenissen van de gedeelde betekenis. Clark & Brennan (1991), Bavelas (2012), Bavelas et al. (2014).

roepsbeoefenaar expertise te bieden heeft.[75] Soms kan advies geven, iets voorstellen of suggesties aan de hand doen ten aanzien van nieuwe acties (iets anders doen) gepast zijn, bijvoorbeeld in risicovolle situaties en ethische conflicten. Ook in deze situaties worden opdrachten toch als mogelijkheden of opties gegeven in plaats van als voorschriften van een deskundige.[76]

Sleutelbegrippen in de oplossingsgerichte praktijk

Respect, betrokkenheid en positiviteit

Respect hebben en betrokkenheid tonen ten aanzien van de unieke kenmerken van de cliënt vormen het uitgangspunt van de oplossingsgerichte praktijk.[77] De beroepsbeoefenaar dient nieuwsgierig te zijn[78] naar wat de cliënt naar voren brengt en dat te waarderen. De cliënt gaat het gesprek meestal op een vergelijkbare manier aan, wat leidt tot een

---

[75] de Shazer (1984), McKergow & Korman (2009). Sommige experts geven nooit opdrachten als ze oplossingsgericht werken. In plaats daarvan gebruiken ze in zeldzame gevallen een andere rol, zoals ambtenaar of ouder, om bijvoorbeeld advies te geven (Shennan, 2017).

[76] Flatt & Curtis (2013).

[77] Froerer & Connie (2016). Shennan (2017) betwijfelt of deze begrippen specifiek voor de oplossingsgerichte praktijk gelden.

[78] Gale Miller noemt dit "de gedisciplineerde nieuwsgierigheid vaardigheid" Miller (2014).

relatie van gelijkwaardigen, waarbij de beroepsbeoefenaar de verantwoordelijkheid neemt voor het in gang zetten van een constructief op groei georiënteerd proces en de cliënt de verantwoordelijkheid neemt voor het aanbieden van de inhoud die relevant is voor de gewenste verandering. Respect en betrokkenheid worden zichtbaar in het bekrachtigen, aanmoedigen, complimenteren en oprecht zijn en vallen samen met non-verbale uitingen zoals knikken, glimlachen en voorover leunen. Deze activiteiten creëren gewoonlijk een optimistische sfeer met ruimte voor hoop, sympathie, medeleven, zorgzaamheid en humor.[79]

Bijvoorbeeld

- *"Ik zal mijn best doen." - aan het begin van het gesprek ter ondersteuning (om zorgzaamheid te tonen).*

- *"Ja, en..." - als de cliënt heeft beschreven hoe een evenement is verlopen (om waardering te tonen).*

- *"Wat ga je dan doen?" - nadat de cliënt een stap vooruit heeft beschreven (om nieuwsgierigheid en aanmoediging te tonen).*

- *"Goed gedaan zeg!" "Hoe is je dat gelukt?" - wanneer de cliënt vooruitgang heeft geboekt (om waardering te tonen en te valideren).*

---

[79] Shick (2017). We zijn ons ervan bewust dat de specifieke betekenis van deze begrippen onduidelijk is. Zie bijvoorbeeld Hutto & Jurgens (2019) over enactieve empathie.

- *"Als je in staat bent om..."* - voortbouwen op wat de cliënt al doet (om hoop en aanmoediging te laten zien).

- *"Ja, dat kan ik me voorstellen."* - wanneer een cliënt heeft verteld over moeilijkheden die de beroepsbeoefenaar zich kan voorstellen (om empathie te tonen).

- *"Wow, hoe heb je dat aangepakt?"* - als een cliënt over een succes vertelt (om respect, nieuwsgierigheid en positiviteit uit te drukken).

Behoud en gebruik van de taal van de cliënt

De beschrijving van de wereld van de cliënt kan op vele manieren worden gedaan door het gebruiken van en het interpreteren van taal.[80] Weer anderen gebruiken metaforen, die tot alternatieve interpretaties kunnen leiden. Sommige cliënten gebruiken humor en creativiteit; ze spelen met dubbelzinnigheid, toeval en tegenstrijdigheden en zien de dingen vanuit verschillende perspectieven. Zowel het gebruik van metaforen als van humor laat zien hoe veranderen geen logische methode hoeft te zijn en evenzeer vanuit "outside of the box" kan komen. Bij het werken met groepen en teams bieden zowel de gemeenschappelijkheden als de verschillen in taal belangrijke mogelijkheden om groepen of teams te ondersteunen bij het ontwikkelen van een gedeelde betekenis of in ieder geval bij het respecteren van verschillen.

---

[80] Iveson & McKergow (2016).

De beroepsbeoefenaar sluit aan bij het taalgebruik van de cliënt. Dit betekent dat er gebruik gemaakt wordt van de kernbegrippen en de logica van de cliënt. Als mensen verschillende soorten taal gebruiken voor de gewenste verandering in kwestie, is het soort taal dat het duidelijkst de verandering aangeeft de passende keuze om te gebruiken. Binnen die taal nodigt de beroepsbeoefenaar de cliënt uit om betekenisvolle verschillen te vinden die nuttig zijn voor de gewenste verandering en deze verschillen daartoe te gebruiken. De cliënt kan bijvoorbeeld schaalvragen gebruiken om de huidige situatie te beoordelen in relatie tot de gewenste verandering, de mate van vooruitgang en het niveau van vertrouwen om te veranderen.

Bijvoorbeeld

- *"Hoe zou u uw situatie nu omschrijven?"* - *Open vragen om gezamenlijk de specifieke woorden en logica te duiden die de cliënt gebruikt.*

- *"Kun je me daar een voorbeeld van geven?"* - *om concrete beschrijvingen te krijgen van de ervaringen van de cliënten als ze abstracte taal gebruiken.*

- *"Als hij je zegt dat je meer moet werken, hoe wil je daarop dan reageren?"* - *om een interactieve en sequentiële kaart van de gebeurtenissen te maken.*

- *"Dus, welke opties heb je in deze situatie die je hebt uitgelegd?" - om verschillende perspectieven te verkennen.*

- *"Wat zegt je nog meer dat het goed gaat?" - om beschrijvingen van de gewenste verandering te verrijken.*

- *"Wat zou een stap in de goede richting zijn?" - om vooruitgang te schalen.*

- *"Hoe ver ben je al gekomen?" - om vooruitgang te meten en te beoordelen.*

Afstemming op en ondersteuning van de gewenste verandering

De basisactiviteit in de oplossingsgerichte praktijk is het afstemmen op en ondersteunen van cliënten om een gewenste verandering in percepties, gevoelens, gedachten, intenties, keuzes en/of acties te bewerkstelligen. Dit gebeurt door middel van het stimuleren van gesprekken die gedetailleerde beschrijvingen van de gewenste verandering opleveren.[81] In dit proces praat de beroepsbeoefenaar met de cliënt over alles wat nuttig lijkt voor de cliënt om de gewenste verandering te bewerkstelligen. In eerste instantie kan het gaan over problemen, ongewenste gewoontes, wat er mis is en over beper-

---

[81] Voor casusvoorbeelden en een theorie gerelateerde bespreking van beschrijvingen in de therapiecontext zie Iveson & McKergow (2016).

kingen (wat niet kan worden veranderd). Het ongewenste wordt behandeld als iets dat openstaat voor verandering.[82] Er zal over het algemeen niet veel gesproken worden over waarom dingen mis gingen en de behandelaar past geen theorie of model toe om de oorzaken van moeilijkheden of problemen te verklaren.[83] Dit wordt vaak beschreven als "evaluatieve responsiviteit"[84], oftewel "het helpen vanuit één stap achterop"[85] en "het imagineren van de situatie van de cliënt in relatie tot de verandering waar hij of zij op hoopt"[86]. Dit proces kan worden vergeleken met het vooruitrijden van een auto terwijl je af en toe in de achteruitkijkspiegel kijkt om te zien wat er van achteren aan komt.[87]

Een verandering kan alles inhouden wat doelgericht, zinvol en verstandig is voor de cliënt en de mogelijkheid biedt voor de beroepsbeoefenaar om dit te ondersteunen. Een verande-

---

[82] In lijn met het gezegde: "Elk probleem is een gefrustreerde droom". – Beroepsbeoefenaars, situaties en contexten verschillen in de mate waarin "probleempraat" nuttig is in een gesprek. Sommige beroepsbeoefenaars maken vanaf de start actief de overgang naar het "bouwen aan oplossingen", anderen luisteren meer naar openingen in de dialoog.

[83] Sommige cliënten vragen om theorieën en in sommige situaties is een theorie direct of ongrijpbaar beschikbaar zoals bijvoorbeeld gezond verstand. In deze situaties kan de theorie of kunnen theoretische concepten worden gebruikt als een levensvatbare verklaring.

[84] Kramer & Stiles (2015).

[85] Solution Focused Therapy Treatment Manual for Working with Individuals, 2e versie (2013).

[86] de Shazer et al. (2006).

[87] Feedback van de deelnemers aan de EBTA Conferentie in Sofia 2018.

ring wordt meestal geconstrueerd en overeengekomen op basis van de beschrijving van de cliënt ten aanzien van de huidige levenssituatie; als iets wat nu nog niet aanwezig is, maar binnenkort hopelijk wel. De hoop, verwachtingen, plannen, visies en dromen van de cliënt zijn passende uitgangspunten voor het gesprek over wat er dient te veranderen. Een krachtige manier om de gewenste verandering te beschrijven, is het imagineren van de gewenste verwachting oftewel "best hopes" in de toekomst of het zich voorstellen van een hypothetische dag waarin het probleem niet langer een probleem is. De gewenste verandering wordt meestal ook opgeroepen door in co-constructie één of meer concrete en gedetailleerde beschrijvingen van de cliënt uit te werken ten aanzien van wenselijke verschillen in de betreffende levenssituatie, inclusief de perspectieven van belangrijke anderen als onderdeel van de beschrijving. In de daaropvolgende gesprekken kunnen cliënten, na het overwegen en beschrijven van een gewenste toekomst, herzien wat ze willen veranderen, dit wellicht mede vanwege de gevolgen van de initiële stappen die zij al gezet hebben. De gewenste verandering kan ook worden beschreven als onderdeel van het levensverhaal van cliënten, vooral wanneer er sprake is van belangrijke veranderingen in hun leven.[88]

---

[88] Significante levensgebeurtenissen zoals ernstige ziekte, ongelukken, dood van een naaste, maar ook voortdurend lijden door sociaal onrecht, racisme of ongelijkheid.

Dit brengt één van de meest uitdagende aspecten van oplossingsgericht handelen voor nieuwe beroepsbeoefenaars met zich mee, namelijk hoe te reageren wanneer cliënten niet in staat lijken te zijn om een gewenste toekomst te beschrijven. Het is op zo'n moment gemakkelijker en veilig om in oorzakelijk verband te praten over waarom de dingen nu zo zijn, waardoor het vastgelopen zijn van de cliënt wordt versterkt. Oplossingsgerichte beroepsbeoefenaars zijn zich ervan bewust dat het zich aandienen van de mogelijkheden voor verandering vaak in de kleine ingewikkelde details van het leven van mensen zit. Daarom worden beschrijvingen van de schijnbaar banale en alledaagse routines in het leven van mensen verwelkomd. Vragen zoals, "en wat zou een teken voor je kunnen zijn, als aanwijzing, dat verandering mogelijk is?" worden gezien als nuttige vragen die uitnodigen tot een beschrijving van een overzichtelijke en uitvoerbare verandering.

Bijvoorbeeld

- *"Hoe zult u weten dat onze bijeenkomst van vandaag nuttig voor u was?"* - om een idee te krijgen van de verwachtingen van de cliënt en geloof in de ondersteuning over te brengen.

- *"Wat voor soort verandering zoekt u?"* - als uitnodiging voor het gebruik van oplossingstaal wanneer cliënten nog niet over de verandering hebben gesproken.

- *"Hoe zijn dingen als je jouw doelen hebt bereikt?"* - om een beschrijving van de gewenste verandering als doel te krijgen en te impliceren dat de doelen worden bereikt.

- *"Wat is er anders wanneer dingen heel goed gaan?"* - om de kritische aspecten van de verandering op te pakken en vertrouwen te tonen in het vermogen van de cliënt om het goed te doen.

- *"Stel dat er een wonder gebeurt en dat de verandering daadwerkelijk plaatsvindt...?"* - als de cliënt moeite heeft om de gewenste verandering te beschrijven, wordt een versie van de klassieke 'wondervraag' geïnitieerd.[89]

- *"Hoe zullen anderen weten dat de verandering heeft plaatsgevonden?"* - om de perspectieven van belangrijke anderen op te nemen.

- *"Wat is er nog meer?"* - om de beschrijving te verrijken.

Het aanbieden van passende ondersteuning

Zowel de cliënt als de beroepsbeoefenaar hebben verwachtingen over wat wel en wat niet ondersteunend zou kunnen zijn tijdens een gesprek. Door erover te praten en het eens te worden over de ondersteuning en de context van het gesprek, krijgt het gesprek focus en wordt het duidelijk, betekenisvol

---

[89] Berg & Dolan (2001).

en zingevend voor beiden. De oplossingsgerichte praktijk is gebaseerd op de veronderstelling dat cliënten in staat zijn om een zinvol leven te leiden. De beroepsbeoefenaar is het daarom meestal eens met de verwachtingen van de cliënt ten aanzien van de gewenste ondersteuning, zolang deze binnen de opdracht en ethische grenzen van de beroepsbeoefenaar valt. Ondersteuning is veel eerder het co-geconstrueerde eigendom dat zich tussen de cliënt en de beroepsbeoefenaar ontwikkelt in de oplossingsgerichte praktijk dan een empathische inleiding die vanuit een expertpositie aangeboden wordt. Het is voor de cliënt een kwestie van (1) weten wat je moet doen (2) het kunnen doen (3) het daadwerkelijk doen (4) het in de loop van de tijd volhouden en (5) je aanpassen aan veranderende omstandigheden. Een cliënt kan bij dit alles, en nog meer in het begin van de begeleiding, ondersteuning willen of nodig hebben. Een verklaring van een cliënt, zoals "Nu weet ik wat ik moet doen" en "Ik weet zeker dat ik het zal redden" is een goede indicator voor het beëindigen van de ondersteuning.

Bijvoorbeeld

- *"Hoe kan onze bijeenkomst u de beste ondersteuning bieden?" - om naar specifieke ingrediënten te vragen die van waarde zijn voor de cliënt.*

- *"Wat dienen we in onze gedachten te hebben om samen te werken?" - wanneer de cliënt ervaringen en mis-*

schien specifieke verwachtingen heeft over de werkrela-
tie en ondersteuning.

- *"Waar dienen we ons hier vandaag op te concentre-*
  ren?" - om zich door focus en begrenzing van steun te
  richten op relevante aspecten van de verandering.

- *"Waar wilt u op uw schaal zijn zodat we kunnen stop-*
  pen?" - om een idee te krijgen wanneer de steun beëin-
  digd kan worden.

- *"Is het oké om hier te stoppen?" - Als de cliënt impliciet*
  aangeeft dat er een einde komt en soms om te initiëren
  en af te sluiten.

Utiliseren van de competenties van de cliënt en resources activeren

Verandering wordt meestal bewerkstelligd door gebruik te maken van de competentie van de cliënt en resources te activeren, hoewel deze verandering in het begin verborgen of sluimerend kan zijn.[90] De oplossingsgerichte beroeps-beoefenaar maakt gebruik van het vermogen van de cliënt om nuttige ervaringen, coping strategieën, probleemoplossende capaciteiten, leerervaringen, veerkracht, resources, sterktes, vaardigheden, talenten en successen van zichzelf en van anderen te construeren en daarop voort te bouwen. De

---

[90] Gassmann & Grawe (2006).

beroepsbeoefenaar luistert daarom naar veranderingen en initieert het praten daarover.[91] Alle fundamentele oplossingsgerichte vragen veronderstellen resources van de cliënt en van de gewenste verandering. Competenties zijn vaak verbonden aan woorden zoals sterktes, kwaliteiten, vaardigheden, kennis, talent, coping, veerkracht, kennis, kunde, expertise, ervaringen, leren, ontwikkeling, vertrouwen, initiatieven en wijsheid. Sommige resources zijn persoonlijk zoals b.v.: redeneren, vastberadenheid of wilskracht. Sommige resources liggen op sociaal gebied, zoals belangrijke relaties, familie en andere sociale ondersteuning. Andere resources kunnen fysiek, politiek en economisch zijn. Praten over ondersteunende emoties, over datgene wat er goed gaat, of praten over wat gezonde en gelukkige delen van het leven van de cliënt zijn, kan ook nuttige resources opleveren voor de gewenste verandering. Het reflecteren over resources is vaak nuttig om cliënten te helpen zich daar meer bewust van te worden. Het stellen van vragen en het praten over antwoorden, in relatie tot de waarden van de cliënt, kan bijvoorbeeld van bijzonder belang zijn bij conflicten en wanneer pogingen om te veranderen niet werken omdat ze de voorkeur van de cliënt aangeven.

Bijvoorbeeld

- *"Hoorde ik goed dat je in staat was..." - om mogelijke resources aan de oppervlakte te brengen.*

---

[91] We bedanken Plamen Panayotov voor het ons herinneren aan het belang om cliënten hun eigen vragen te laten stellen (Panayotov, 2020).

- *"Wanneer ging dit beter of gemakkelijker?" - om succes en vooruitgang in het verleden te suggereren.*

- *"Wat heeft jou eerder geholpen?" - om ervaringen van cliënten te gebruiken*

- *"Welke vaardigheden kun je hier nu bij gebruiken?" - om te suggereren dat de cliënt nuttige vaardigheden heeft.*

- *"Welke optie wil je inzetten?" - om de expertise van de cliënt te gebruiken.*

- *"Kunnen jouw collega's je helpen?" - om sociale steun te activeren.*

- *"Wat houdt jou op de been?" of "Wat maakt dat je vooruit wilt?" - om de waarden en vastberadenheid van de cliënt te gebruiken.*

Het opmerken en versterken van vooruitgang

De competentie van de cliënt komt meestal tot uiting in tekenen van vooruitgang. Cliënten praten bijvoorbeeld over betere tijden en de verschillen die ten goede zijn gekomen. Verrassend genoeg kunnen cliënten vaak voorbeelden geven van de gewenste verandering die al plaatsvindt in hun leven. De beroepsbeoefenaar kan deze verandering bijvoorbeeld zichtbaar maken met behulp van evaluatieve schaalvragen, vragen die verschillen beschrijven en een verschil uitmaken voor de cliënt, om daarna te praten over wat dat verschil mogelijk heeft gemaakt. Dan is "meer doen van datgene wat werkt", de oplossingsgerichte manier om vooruitgang te versterken.

Sommige vooruitgang is impliciet, bijvoorbeeld wanneer iets uitzonderlijks[92] beter verloopt dan normaal in de huidige situatie, hetgeen als potentiële vooruitgang kan worden beschouwd. In zeer ernstige situaties, en daar waar de context van cliënten tevens van beperkte invloed is op hun situatie, kan het stoppen van het verslechteren van de situatie en het behouden van stabiliteit of standvastigheid worden beschouwd als vooruitgang.

Bijvoorbeeld

- *"Wat gaat er beter?" - het beginnen van een gesprek met een rapportage van vooruitgang door de cliënt baant de weg vrij voor meer vooruitgang.*

- *"Waar sta je nu op je schaal van vooruitgang?" - om het huidige moment te evalueren in relatie tot de verandering.*

---

[92] Uitzonderingen in problematische situaties zijn belangrijke ingrediënten geweest in de oplossingsgerichte praktijk. Uitzonderingen worden hier geherformuleerd, in overeenstemming met een trend om zich vanaf het begin te richten op de gewenste toekomst zonder uit te gaan van de problemen die cliënten (in therapeutische contexten) meestal ervaren bij het zoeken naar ondersteuning. Zie bijvoorbeeld Iveson en McKergow (2016) voor een beschrijving van de manier waarop BRIEF de term "verzoek" is gaan gebruiken om aan te geven wat de cliënt wil.

- *"Wat betekent datgene wat u zojuist gezegd heeft voor u?" - om de evaluatie van de cliënt te horen en deze in te zetten.*

- *"Wat is uw volgende stap?" - suggereert verdere ver-andering door de cliënt.*

- *"Wat moet je doen om het weer op de rails te krijgen?" - om het herstel na een tegenslag te ondersteunen.*

- *"Wat kun je nog meer doen?" - om nieuwe ideeën te krijgen om iets anders te doen.*

Anders denken en doen

Het begrip verandering impliceert dat iets anders moet worden. Daarom zijn zowel het anders denken (over betekenissen of keuzes) als iets anders doen (handelen) frequente onderwerpen in het gesprek. Nieuwe betekenissen komen vaak voort uit het afscheid nemen van of het opnieuw opbouwen of samenstellen van feiten en ficties tijdens het gesprek, in een proces van reframing[93] oftewel herkaderen. Wanneer cliënten of beroepsbeoefenaars merken dat ze "meer doen van datgene wat niet werkt"[94], is het nuttig om te praten over wat de cliënt doet om te voorkomen dat het erger wordt. Cliënten zetten hiertoe hun resources in, echter dit is vaak iets waar

---

[93] Mattila (2001).

[94] Weakland et al. (1974).

cliënten niet de eer voor op strijken. Het voorkomen van verder afglijden wordt dan niet erkend, totdat cliënten en beroepsbeoefenaars zich bezighouden met de vraag; "Wat maakt dat het niet slechter is?" Een andere optie is het onderzoeken van andere aanvaardbare[95] alternatieven voor de cliënt met als doel de gewenste verandering te bereiken. De alternatieven kunnen logisch afgeleid worden of op creatieve wijze worden blootgelegd. Andere mensen, die in staat zijn om alternatieven "out of the box" te zien, kunnen daarbij van grote waarde zijn.

Bijvoorbeeld

- *"Wat zou een compleet andere aanpak kunnen zijn?" - als niets de cliënt tot nu toe heeft geholpen.*

- *"Wat zou anderen echt verrassen?" - in relaties die mislukking voorspellen.*

- *"Wat als we de situatie vanuit deze invalshoek bekijken?" - wanneer nieuwe perspectieven nieuwe acties zouden kunnen genereren.*

- *"Wie zou met frisse ideeën kunnen komen?" - om de mogelijkheden van het netwerk te gebruiken.*

---

[95] Elk alternatief moet passen bij het doel en de bedoelingen van de cliënt. Wat andere benaderingen vaak 'weerstand' noemen, is vanuit een oplossingsgericht standpunt een nuttige bijdrage van cliënten om aan te geven dat er betere alternatieven zijn die de moeite waard zijn om te onderzoeken of te ontdekken.

- *"Wat denk je van zoiets als dit..." - om iets nieuws aan de cliënt ter overweging voor te stellen.*

Het uitproberen van veranderingen tussen de sessies door

Veranderingen worden betekenisvol als de gevolgen ervan bij het beoogde doel passen. Het leven zit vol verrassingen en daarom is het in praktijk brengen van het verschil dat het verschil uitmaakt in het dagelijks leven een belangrijke test of de verandering al dan niet zinvol is en voor de verbeteringen zorgt waar de cliënt op hoopt.

Soms is het nuttig om samen met cliënten te experimenteren of nieuwe gewoontes te bedenken.[96] Dit om ideeën te testen die ontwikkeld zijn vanuit de dagelijkse realiteit van de cliënt. Voor cliënten die geconfronteerd worden met uitdagende en risicovolle situaties is ook enige vorm van bevestiging van belang ten aanzien van de veiligheid, gepastheid en uitvoerbaarheid van de verandering. Wanneer de cliënt, als experiment bijvoorbeeld, de gewenste verandering heeft geoefend, is het voeren van een gesprek of de gevolgen van het experiment zijn uitgekomen zoals bedoeld, vergelijkbaar met het exploreren van de situatie die om verandering vroeg. Als er niet geoefend is, kan een nieuwe en aangepaste stra-

---

[96] Isebaert (2015).

tegie worden ontworpen ten dienste aan het veranderingsproces.[97]

Bijvoorbeeld

- *"Wat zegt jou dat het beter gaat?" - om positieve verandering te benadrukken als de cliënt het over vooruitgang heeft.*

- *"Wat is jouw volgende stap om vooruitgang te boeken?" - het ondersteunen van de uitvoering van de verandering van de cliënt.*

- *"Hoe is je experiment verlopen?" - als de cliënt iets nieuws heeft uitgeprobeerd.*

- *"Wat heb je aanvullend nodig?" - als de verandering niet afdoende is.*

Het proces volgen en evalueren

Om een gesprek te ondersteunen, wordt er ten behoeve van het versterken en focussen op de gewenste verandering van de cliënt, aan het begin, tijdens en aan het eind van het gesprek voortdurend geëvalueerd.

---

[97] Onderzoek aan de Universiteit van Salamanca (Prada & Beyebach, 2008) geeft aan dat een betere aansluiting bij de veranderingstheorie van de cliënt en/of een andere manier van omgaan met verandering significant is in casussen die vastlopen (vier bijeenkomsten zonder gewenste verandering).

Tijdens het gesprek luisteren oplossingsgerichte beroepsbeoefenaars zorgvuldig naar de formulering van cliënten om
zoveel mogelijk de woorden die zij gebruiken vast te houden,
daarop voort te bouwen en tevens om de invloed van andere
ideeën te beperken.[98] Ook wat de cliënt achterwege laat,
krijgt aandacht met het perspectief van de cliënt in het achterhoofd. De beroepsbeoefenaar introduceert nieuwe woorden
als aanvulling en antwoord op de verzoeken van de cliënt om
nieuwe mogelijkheden aan te boren. Mogelijkheden worden
meestal geformuleerd als opties of als voorlopige vragen.
Beroepsbeoefenaars zijn ook bereid om hun formuleringen te
wijzigen zodat ze passen bij de visie van de cliënt. Cliënten
gebruiken naar verwachting formuleringen om begrepen te
worden en de dialoog te sturen. De formuleringen bevatten
vaak wat ze bedoelen, wat belangrijk voor hen is, wat ze willen en hoe ze te werk gaan. Oplossingsgerichte beroepsbeoefenaars gebruiken vanuit dat perspectief daarom zoveel
mogelijk de formuleringen van de cliënt.[99]

De reflecties van alle betrokkenen, met name in de begin- en
eindgesprekken, worden gebruikt om interpretaties en conclusies te onderbouwen vanuit de ervaring en beleving van

---

[98] Formuleringen zijn complexe uitspraken tijdens het gesprek, waarbij de
spreker een samenvatting maakt van de essentie van een deel van het gesprek. Daarbij bewaart hij of zij selectief iets, laat hij of zij iets weg, verandert hij of zij iets en voegt hij of zij iets toe dat bijdraagt aan de co-constructie
van een nieuwe versie van dat deel. De formuleringen bevatten vaak interpretaties, naamgeving of herkadering en reflecties (Korman e.a., 2013).

[99] Behalve als de voorgestelde formulering in strijd is met de waarden of het
gezond verstand van de beroepsbeoefenaar.

de cliënt. Deze reflectieve onderdelen in het gesprek voorkomen ook "oplossingsgeforceerde"[100] pogingen om te vroeg te beslissen over de verandering of te snel tot handelen over te gaan voordat de betekenis van de verandering voldoende duidelijk is geworden. Meestal reflecteren oplossingsgerichte beroepsbeoefenaars op competentie, resources en mogelijkheden. De reflecties van cliënten aan het eind van het gesprek laten op dat moment hun begrip zien en ze zijn een goede conclusie van het gesprek.

Bijvoorbeeld

- *"Begrijp ik je goed dat ..." - om een gegeven interpretatie te checken.*

- *"Kan datgene wat je eerder zei belangrijk zijn?" - om te checken en de cliënt te herinneren aan eerdere onderwerpen.*

- *"Wat zegt deze ervaring jou?" - om iets nieuws te evalueren.*

- *"Hoe dicht ben je bij je doelen gekomen?" - om de vooruitgang van de cliënt te meten.*

- *"Denk je dat we voor nu misschien klaar zijn?" - Om de zinvolheid van het proces bij de cliënt te checken.*

---

[100] "Oplossingsgeforceerd werken" is een risico en een verkeerde manier om SF toe te passen (Nylundl Corsiglia, 1994).

- *"Wat is je conclusie voor vandaag?"* - om te reflecteren op de huidige sessie.

- *"Wat was vandaag nuttig?"* - om de huidige sessie te evalueren.

- *"Ik ben onder de indruk van hoe goed je dit gedaan hebt ..."* - om de vooruitgang van de cliënt te ondersteunen.

IV. Conclusie

Ter afsluiting hopen we dat ons gezamenlijke werk een behulpzame bijdrage levert aan een beter begrip van de oplossingsgerichte praktijk en dat dit document een nuttige bron kan zijn voor trainers, praktijkmensen en anderen die geïnteresseerd zijn in de ontwikkeling van de oplossingsgerichte aanpak. Deze versie is het product van zowel onze samenwerking als die van de bijdragen van vele anderen die de auteurs, rechtstreeks en tijdens workshops en presentaties op conferenties, perspectieven hebben geboden.

Verhalen uit de begintijd van de oplossingsgerichte praktijk beschrijven een cultuur van nieuwsgierigheid, samen delen en debatteren, welke heeft bijgedragen aan de totstandkoming van de aanpak. We hopen dat ons werk op de een of andere manier een dergelijke cultuur zal voeden binnen de veel grotere groep mensen die de aanpak nu kent en waardeert en dat een dergelijke cultuur zal helpen om de aanpak levendig en open voor verandering te houden. Laten we daarom doorgaan met het discussiëren van ideeën en reacties en het debatteren op zowel EBTA-conferenties als op andere plaatsen om ons ervan te verzekeren dat we verdere spiralen van evolutie zullen zien.

Ronde tafels: bespreken en uitbreiden van ideeën

SF World Conference 2017 – Frankfurt
De foto is genomen door Dave Hogan en wordt met permissie gedeeld.

De SF-wereldconferentie van 2017 bood ons een belangrijke gelegenheid om ons werk te delen en dit document te testen met collega's en meer ideeën te verzamelen voor de verdere ontwikkeling van de theorie.

Referenties

Anderson, H. & Goolishian, H. (1992). The client is the expert: A not-knowing approach to therapy. In McNamee, S. & Gergen, K. J. (Eds.), Inquiries in social construction. Therapy as social construction, pp.25-39. Thousand Oaks, CA, US: Sage Publications, Inc.

Bavelas, J. B. (2012). Connecting the Lab to the Therapy Room. In Franklin C., Trepper, T. S., Gingerich W. J., McCollum E. E. (Eds.), Solution-Focused Brief Therapy, a Handbook of Evidence-Based Practice. Oxford Press.

Bavelas, J. B., Korman, H., DeJong, P., Smock Jordan, S. (2014). Does SFBT Have a Theory? Plenary at the EBTA conference in Leeuwarden.

Bavelas, J. B., Korman, H., DeJong, P., Smock Jordan, S. (2014). The theoretical and research basis of co-constructing meaning in dialogue. Journal of Solution-Focused Brief Therapy. Vol 1, No 2, pp.1-24.

Berg, I. K. & De Jong, P. (1996). Solution-Building Conversations: Co-Constructing a Sense of Competence with Clients. Families in Society: The Journal of Contemporary Human Services. Families International, pp.377-391.

Berg, I. K. & Dolan, Y. (2001). Tales of solutions: A collection of hope-inspiring stories. New York: Norton.

Berger, P. L., Luckmann, T., Zifonum, D. (2002). The social construction of reality. Penguin Books.

Beyebach, M. (2008). "Nothing is better": constructing improvements in solution-focused sessions. Workshop at the EBTA conference in Lyon.

Cecchin, G. (1987). Hypothesising, circularity and neutrality revisited, an invitation to curiosity. Family Process, 26 (4), pp.405–13

Clark, H.H. & Brennan, S. E. (1991). Grounding in communication. In Resnick, L. B., Levine, J. M., Teasley, J. S. D. Perspectives on socially shared cognition. American Psychological Association.

De Jong, P. & Kim Berg, I. (2012). Interviewing for Solutions. Wadsworth Publishing Co Inc.

De Jong P., Bavelas, J. B., Korman, H. (2013). An introduction to using microanalysis to observe co-construction in psychotherapy. Journal of Systemic Therapies, Vol. 32, No.3, 2013, pp.17-30.

de Shazer, S. (1984). The Death of resistance. Family Process, volume 23, Issue 1, pp.11–17.

de Shazer, S. (1991). Putting difference to work. New York: Norton.

de Shazer, S. (1994). Words were originally magic. New York: Norton.

de Shazer, S., Dolan, Y. M., Korman, H., Trepper, T. S., McCollum, E. E., & Berg, I. K. (2006). More than miracles: The state of the art of solution focused therapy. New York: Haworth Press.

EBTA Practice Definition (2012). http://blog.ebta.nu/wp-content/uploads/2012/05/EBTA-SF-PRACTICE-DEFINITIONS_2012.pdf read 31.7.2020.

Erickson, M. H. (1954a). Special techniques of brief hypnotherapy. Journal of clinical and Experimental Hypnosis, 2, pp.109-129.

Erickson, M. H. (1954b). Pseudo-Orientation in time as a hypno therapeutical procedure. Journal of Clinical and Experimental Hypnosis, 2, pp.261-283.

Erickson, M. (1980). The collected papers of Milton H. Erickson: Vol. II. Hypnotic alteration of sensory, perceptual and psychophysiological processes. Irvington.

Evan, George (2010). What are the disadvantages of the brief solution focused approach? https://www.brief.org.uk/resources/faq/disadvantages-of-solution-focus read 31.7.2020.

Fichte, J. G. (1794), Grundlage der gesamten Wissenschaftslehre. Fundamental Principles of the Entire Science of Knowledge. https://voices.uchicago.edu/germanphilosophy/files/2012/05/Fichte-The-Science-of-Knowledge-sec-1-3.pdf read 31.7.2020.

Flatt, S. & Curtis, S. (2013). Offering expert knowledge within a not-knowing solution-focused paradigm: A contradiction in terms or a helpful response to (some) real life conundrums? International Journal of Solution-Focused Practices, Vol 1, No 1, pp.28-30.

Fredrickson, B. (2013). Love 2.0. Penguin Books.

Freud, S; Breuer, J. (1895). Studien über Hysterie. Franz Deuticke, Leipzig & Wien 1895.

Froerer A. & Connie, E. (2016). Solution-Building, The Foundation of Solution-Focused Brief Therapy: A Qualitative Delphi Study. Journal of Family Psychotherapy, vol 27, 2016, Issue 1, pp.20-34.

Gassmann, D. & Grawe, K. (2006). General change mechanisms: The relation between problem activation and resource activation in successful and unsuccessful therapeutic interactions. Clinical Psychology & Psychotherapy 13(1), pp.1 – 11.

Gingerich, W. J. & Eisengart, S. (2004). Solution focused brief therapy: a review of the outcome research. Family Process 39, pp.477-498.

Hacking, I. (1999). The social construction of what? Harvard University Press.

Haley, J. (1986). Uncommon Therapy. New York: Norton.

Hoyt, M. F. (2001). A conversation with Steve de Shazer and John Weakland. In: Interviews with brief therapy experts, Philadelphia.

Isebaert, L. (2015). Solution-Focused cognitive and systemic therapy: The Bruges Model. London: Routledge.

Iveson, C. & McKergow, M. (2016). Brief Therapy: Focused description development. Journal of Solution-Focused Brief Therapy, Vol 2, No 1, pp.1-17.

Jackson, P. Z. & McKergow, M. (2007). The Solutions Focus, Making coaching & change simple. WS Bookwell.

Kant, I. (1914). Critique of pure reason, translated by Müller, F. M. (2nd ed. revised), London: Macmillan.https://oll.libertyfund.org/titles/ller-critique-of-pure-reason read 31.7.2020.

Korman, H. (2017). The 3.0 version of Reflections on SFBT 2.0. https://www.academia.edu/38423866/The_3.0_version_of_Reflections_on_SFBT_2.0.pdf read 31.7.2020.

Korzybski, A. (1933). Science and Sanity. Institute for General Semantics.

Kramer, U. & Stiles, W. B. (2015). The responsiveness problem in psychotherapy: A review of proposed solutions. Clinical Psychology: Science and Practice, 22, pp.277-295.

Lauth, R. (1989). Die transzendentale Konstitution der gesellschaftlichen Erfahrung. In: Transzendentale Entwicklungslinien von Descartes bis zu Marx und Dostojewski, Hamburg: Meiner.

Levinson, S. C. (2017). Speech Acts. In Huang, Y. (Ed.), The Oxford Handbook of Pragmatics.

Hutto, D.D. & Myin, E. (2012): Radicalizing enactivism. The MIT Press.

Lipton, P. (2001). Inference to the Best Explanation, London: Routledge

Lütterfelds, W. (1989). Fichte und Wittgenstein: Der thetische Satz, Stuttgart: Klett-Cotta.

Macdonald, A. (2017). Solution-focused Brief Therapy evaluation list, http://blog.ebta.nu/wp-content/uploads/2017/12/SFTOCT2017.pdf read 31.7.2020.

Mattila, A. (2001). Seeing things in a new light. Reframing in therapeutic conversation. University of Helsinki, Faculty of Medicine, Institute of Clinical Medicine.

McGee, Del Vento, & Bavelas, J.B. (2005). An interactional model of questions as therapeutic interventions. Journal of Marital and Family Therapy, October 2005, Vol 31, No 4, pp.371-384.

McKergow, M. & Korman, H. (2009). In between – neither inside nor outside: The radical simplicity of Solution-Focused Brief Therapy. Journal of Systemic Therapies, pp.34–49.

McKergow, M. (2016). Solution-Focused practice: Engaging with the client as a first-person, rather than a third person. InterAction, Volume 8, number 1: pp.31-44.

McKergow, M. (2016.) SFBT 2.0: The next generation of Solution Focused Brief Therapy has already arrived, Journal of Solution Focused Brief Therapy vol 2 no 2, pp.1-17.

McKergow, M. (2020). Stretching the World. In Dierolf, K., Hogan, D., van der Hoorn,S., Wignaraja (Eds), Solution Focused Practice Around the World. Routledge, 2020

McLeod, J., McLeod, J., Shoemark, Al., Cooper, M. (2009). User constructed outcomes: Therapeutic practice and everyday life. Paper presented at the Psychotherapeutic Practice Research Conference, University of Jyväskylä, February 2009.

Miller, G. & de Shazer, S. (1998). Have You Heard the Latest Rumor About ...? Solution-Focused Therapy as a Rumor. Family Process 37, pp.363-378

Miller, G. (2008). Loughborough Group (Discursive Psychology) and Ethnomethodology, Karlstad Group, 2nd Meeting, Vienna: March 25-26, 2008.

Miller, G. & McKergow, M. (2012). From Wittgenstein, Complexity, and Narrative Emergence: Discourse and Solution-Focused Brief Therapy . In Lock, A. & T. Strong, T. (Eds.) Discursive Perspectives in Therapeutic Practice. Oxford: Oxford University Press), pp.163-183.

Miller, G. (2014). Culture in Solution-Focused consultation: An intercultural approach. Journal of Solution-Focused Brief Therapy. Vol 1, No 2, pp.25-40.

Minuchin, S. (1974). Families and family therapy. Cambridge: Harvard University Press.

Morris, D. R. (2005). Causal inference in the social sciences: Variance theory, process theory, and system dynamics. https://proceedings.systemdynamics.org/2005/proceed/papers/MORRI261.pdf read 31.7.2020.

Nylund, D. & Corsiglia, V. (1994). Becoming Solution-Focused Forced in Brief Therapy: Remembering Something Important We Already Knew. Journal of Systemic Therapies: Vol. 13, No. 1, pp.5-12.

Nunnally, E., de Shazer, S., Lipchik, E., Berg, I. K. (1986). A Study of change: Therapeutic theory in process. In Efron D. E. (Ed.) Journeys: Expansion of the Strategic-Systemic Therapies, New York: Brunner/Mazel.

Raz , J. (2017). Intention and value, Philosophical Explorations, 20:sup2, pp.109-126.

Ryan, R. M. & Deci, E. L. (2000). Self-determination theory and the facilitation of intrinsic motivation, social development, and well-being. American Psychologist, 55, pp.68-78.

Panayotow, P. (2020). Solution is Only a Smile Away. https://www.academia.edu/30941198/Solution_Is_Only_a_Smile_Away read 31.7.2020.

Prada, A. S. & Beyebach, M. (2008). "Nothing is better": Constructing improvements in solution-focused sessions. Presentation at the EBTA conference 2008.

Peräkylä, A., Antaki, C., Vehviläinen, S., Leudar, I., (2008). Conversation analysis and psychotherapy. Cambridge University Press.

Rappaport, J., Swift, C. F., Hess, R. (1984). Studies in empowerment: Steps toward understanding and action. New York: Haworth Press.

Rogers, C. (1951). Client-Centered Therapy. Cambridge Massachusetts: The Riverside Press.

Seligman, M. (2011). Flourish, A new understanding of happiness and well-being and how to achieve them. Nicholas Brealy.

Selvini-Palazzoli, M., Boscol, L., Cecchin G., Prata, G., (1973). Paradox and Counterparadox. New York: Aronson.

Shennan, G., (2016). Extended mind, extended person, extended therapy? InterAction vol.8 nr 1 2016, pp.7-30..

Shennan, G. (2017). Comments on the draft for theory of solution-focused practice. September 2017.

Shick, R. (2017). Solution-Focused Brief Therapy from the client's perspective: A Descriptive phenomenological analysis. Athabasca University.

Solution Focused Therapy Treatment Manual for Working with Individuals, 2nd version, (2013). Research Committee of the Solution Focused Brief Therapy Association. https://irp-cdn.multiscreensite.com/f39d2222/files/uploaded/Treatment%20Manual%20-Final%2C%20Update%203-17-18.pdf read 31.07.2020.

The Solution-Focused Collective, (2019). A Solution-Focused Manifesto for Social Change. https://solfocollective.net/the-manifesto-for-text-readers/ read 31.7.2020.

Thomas, F., (2016). Complimenting in Solution-Focused Brief Therapy. Journal of Solution-Focused Brief Therapy, Vol 2, No1.

UKASFP Accreditable Practice and Accreditable Practitioners, 2015.

von Foerster, H. & Pörksen, B. (2002). Understanding systems, conversations on epistemology and ethics. Heidelberg: Carl-Auer-Systeme Verlag.

Walter, J. L. & Peller, J. E. (1992). Becoming Solution-Focused in Brief Therapy. Routledge.

Watzlawick, P. (Ed.) (1980). The Invented Reality: How Do We Know What We Believe We Know?. New York: Norton.

Watzlawick, P. (1988). Ultra Solutions. How to fail most successfully. New York: Norton.

Wells, J. (2018). Ni inspirerar mig. Lösningsfokuserade förantaganden till stöd för bättre samtal och möten. Södra Dalarnas Samordningsförbund. Exakta. Malmö.

Weakland, J. H., Watzlawick, P., Fisch, R., (1974). Change: Principles of problem formation and problem resolution. New York: WW Norton.

Weakland, J. H., Fisch, R., Watzlawick, P., Bodin, A. M. (1974). Brief Therapy: Focused Problem Resolution. Family Process, 13, pp.141–168.

Wittgenstein, L. (1922). Tractatus logico-philosophicus. Routledge.

Wittgenstein, L. (1953). Philosophical investigations. Basil Blackwell.

Wittgenstein, L. (1977). Over zekerheid. Boom, Meppel.

Persoonlijke
reflecties ...

Beschouwingen over de

Theorie van de Oplossingsgerichte Praktijk

2020 Versie, door

Thorana Nelson

Alasdair J. Macdonald

Arild Aambø

Sukanya Wignaraja

Guy Shennan

Tomasz Switek

Thorana Nelson

I. Overzicht

Jullie hebben in het proces van groepssamenwerking een prima prestatie geleverd in het beschrijven van de Solution-Focused (SF) praktijk in zowel de context (houding, aannames, etc.) als in de praktijk. Het stuk is goed georganiseerd, goed geschreven en redelijk eenvoudig te begrijpen. Ik ben niet zeker van het publiek. Als het SF-beoefenaars zijn, dan denk ik dat het ons denken goed organiseert. Als het voor niet-SF mensen is, bevat het enkele verwarrende of niet gedefinieerde ideeën, die ik later zal becommentariëren. Uit de inleiding blijkt dat jullie doel voor beide groepen is, misschien meer voor de eerste doelgroep of voor degenen die hiervoor geïntrigeerd zijn en de algemene filosofie beter willen begrijpen.

II. Theorie

Hoewel het schrijven als theorie is bestempeld, leidt dit vanuit mijn eerdere opleiding in de gezinswetenschap en wetenschapsfilosofie tot enige verwarring. Wat er geschreven is, is heel duidelijk over de procestheorie, waarbij de aanpak wordt beschreven zonder in detail in te gaan op de vaak herhaalde concepten en praktijken. Voor degenen die geneigd zijn om over theorie en Theorie te twisten, kan het nuttig zijn om de procestheorie (beschrijvend; hoe iets zich ontwikkelt) te contrasteren met de notie van theorie die iets verklaart en hypothesen en/of toetsbare constructen bevat. Ik denk dat het hier het laatstgenoemde is waar Steve zo tegen was. Het eerste is meer beschrijvend en gebaseerd op observaties dan dat het verklaart waarom iets is zoals het is (bijvoorbeeld, een van mijn theorieën over SFBP (Solution Focused Brief Practice) is dat schaalvergroting mensen helpt hun denken te organiseren en zich een beter leven voor te stellen, waardoor de angst afneemt, waardoor hun denkprocessen naar hun doelen toe kunnen werken – à la Bowen; anderen hebben andere ideeën over hoe SFBP werkt. Steve wilde er zelfs niet eens buiten de taal om over nadenken (Wittgenstein).

Jullie stellen dat "in de SF-wereld is de theorie zowel nuttig als pragmatisch. Het zou onderzoek mogelijk moeten maken, praktijkmensen moeten ondersteunen en de kwaliteit van de dienstverlening aan cliënten moeten verbeteren." Een aspect dat het proces achterwege laat zijn de noties van onderling verband houdende constructies en toetsbare hypotheses (redenen waarom iets werkt zoals het lijkt te werken). Dit adresseert wat u niet probeert te beschrijven in dit document.

Dit document betreft in feite beschrijvende theorie met enige onderbouwde filosofie in plaats van verklarende theorie. Begrijp ik het goed?

Ik houd van het idee van abductie - daar heb ik nog nooit van gehoord. Als beschrijving van het heen en weer schommelen tussen waarneembare praktijkpatronen en abstracte ideeën, denk ik dat jullie de spijker op de kop hebben geslagen. Dit is waar ik denk dat een aantal mensen in de war zijn geraakt, vooral als ze getraind zijn in "theorieën" (die met recht benaderingen kunnen worden genoemd) en meer willen weten over de theorie van de SFBP. Het plaatsen van jullie ideeën in deze context, waarvan ik denk dat ze op de een of andere manier meer in de verf gezet zouden kunnen worden, helpt zowel degenen die meer willen weten over de praktijk of aanpak en degenen die meer willen weten over de filosofie, de uitleg over hoe of waarom het werkt, enz. Dit doet me ook denken aan de dialectiek, waar er schijnbaar twee tegenstrijdige ideeën zijn (in dit geval uitleg versus beschrijving) waar men mee worstelt, met als hoogtepunt een synthese die geen van beide en beiden omvat. Ik denk dat jullie daar succesvol in geslaagd zijn.

Het diagram van de praktijk binnen een kubus van theorie en beschrijving is interessant, net als de notie dat wanneer de praktijk zich uitbreidt, de theorie en de beschrijving dat ook dienen te doen. Ik begrijp over beschrijving (b.v. het gebruik van "best hopes" om verder te komen dan de wondervraag) en denk dat het theorie-uitbreidingsdeel erg belangrijk is, maar alleen als het past binnen een grotere structuur van de filosofie die zich verzet tegen de ontkenning van een van de basisveronderstellingen van de SF-standpunten. Om verder te gaan zou een andere structuur, filosofie, manier van denken nodig zijn. Kortom, passen sommige van de ideeën van onze collega's, die uitbreidingen zijn, nog steeds binnen de algemene "familie" van SF?

III. In de context staan

Als iemand die getraind is in systeemdenken (von Bertalanffy) en cybernetica, ben ik blij te zien hoe deze belangrijke relationele ideeën in dit werk zijn verweven zonder onnodige vlaggen te hijsen voor degenen die "systemen" als een bepaalde praktijk zien. Relationele contexten zijn ongelooflijk belangrijk en worden te vaak genegeerd door mensen die gebruik maken van de praktijken van SFBP zonder veel te begrijpen van wat hier geschreven is. Context was een van de belangrijke brandpunten van verandering die Steve beschreef, beoefende in de praktijk en waarover hij publiceerde. Dit met inbegrip van vele aspecten van de context van cliënten, vooral de persoonlijke relaties, en ik denk dat het noodzakelijk is voor de houding, maar het wordt zelden besproken. Dit laat velen toe om SFB-praktijken op een lineaire manier te zien in plaats van als een nuancering van de problemen en oplossingen van de cliënten systemisch te begrijpen, zoals die ingebed zijn in de context.

Een aspect van de context die niet wordt beschreven is echter de cliënt-therapeutische relatie. We proberen onszelf buiten beeld te houden, maar zoals tweede-orde cybernetica zou suggereren, maken we deel uit van de systemen van de cliënten en moeten we dat erkennen, niet in de laatste plaats om niet te veel invloed uit te oefenen op de richting die de cliënt opgaat. Het helpt om onze eigen ideeën oordeelkundig en voorzichtig te gebruiken. Ik denk echter dat het duidelijk binnen de context van de cliënt plaatsen ons kan helpen om in de periferie te blijven. Ik vind het prettig als cliënten mijn naam niet kunnen onthouden, maar ik hoop dat ze zich iets kunnen herinneren van wat we samen hebben gedaan, vooral in termen van betekenis, in het denken of doen.

Dit leidt tot ideeën over verandering. Steve en Insoo waren duidelijk doordrenkt van ideeën over verandering, zoals het centraal stellen van denken en/of doen en hun herhalende karakter. Ze realiseerden zich ook dat het werk het herhalende karakter van verandering tussen denken en doen, benadrukt, en ook dat verandering gesitueerd is met andere elementen van de context van de cliënt, zoals het opmerken en benadrukken van hoe de context verandering ondersteunt (of niet ondersteunt). Dit kan betekenen dat andere mensen, waarden en gewoonten, en systemische vooroordelen en acties geïnternaliseerd hebben. Dit laatste aspect – de contextuele reactie op verandering – wordt in mijn ervaring vaak gemist. Een cliënt kan van mening zijn dat de veranderingen die hij zoekt op een 8 staan en dus voldoende zijn voor dat moment. Ook kan de cliënt zich bewust zijn van contextuele factoren die verdere "vooruitgang" in de totaliteit van hun leven beperken, dingen die beoefenaars misschien niet begrijpen. Als iemand of iets in de context van de cliënt niet ondersteunend is – actief of inactief – kunnen veranderingen die de cliënt voldoende acht, plotseling verzuren. Dit is een andere reden om de context actief mee te nemen, of anderen nu wel of niet deelnemen aan het interview. Op potentiële reacties als "ik snap je" of "ja, maar" kan systematisch gezien gemakkelijker worden geanticipeerd of ingegaan in dienst van de gewenste verandering wanneer die anderen deelnemen aan de therapie, of in ieder geval wanneer de cliënt en de behandelaar over hen spreekt en over de consequenties die dit mogelijk heeft voor de verandering. Hier zien we het belang van relationele vragen: Wie zou het merken? Wat zouden ze zien? Welk verschil zou dat voor hen maken? Welk verschil zou dat voor u maken? Het is te gemakkelijk voor ons om te veronderstellen dat de waargenomen verschillen aanvaardbaar zouden zijn voor de andere persoon en de cliënt. In plaats daarvan zouden we kunnen informeren naar andere veranderingen die meer acceptabel zouden zijn voor de cliënt.

IV. Uitleg en betekenis

"Veranderen van betekenis" – Er wordt verwezen naar de SF-houding, maar dit is de eerste keer. Dient het ergens wat uitgebreid te worden?

"Zingeving van percepties" – Dit is een moeilijke, iets wat vereist dat we onze eigen ideeën uit de weg gaan. Soms betekent dit dat we ze uiten aan cliënten of collega's, maar dat we in ieder geval iets doen om ze in ons eigen hoofd te weren (behalve als we echt iets bedenken wat de cliënt niet weet of waar hij zich niet bewust van is).

In dit schrijven zijn jullie gedachten over relevante Wittgenstein-ideeën meegenomen en hoe ze ons werk op een zeer duidelijke en behulpzame manier informeren.

Over het algemeen zijn de gepresenteerde gedachten over betekenisgeving excellent verwoord. Het begrip co-constructie van betekenis is echter niet erg duidelijk. Ik weet niet zeker waar dat naar kan leiden maar ik denk dat het verwarrend is voor degenen die niet bekend zijn met poststructuralisme en filosofie in het algemeen. Ik denk dat dit heel belangrijk is, omdat daardoor het begrip betekenisgeving voor mensen verruimd wordt, en dat het begrip niet hardnekkig is en gecreëerd wordt in de context, niet alleen in hun hoofd. Het begrip geldt voor relaties met belangrijke anderen, in termen van hoe het geven van betekenissen de ideeën van cliënten kan ontkennen, of op zijn minst verwarrend kan zijn voor de cliënt. In termen van het ondersteunen van de gewenste verandering, kan aanvullend gesteld worden dat nieuwe betekenissen in het leven van de cliënt een vorm van co-constructie met anderen dient te omvatten, niet alleen met de gesprekspartner als beroepsbeoefenaar. Op dezelfde manier, onder het kopje "veranderende richting", worden de cliënt-gerichte aspecten van verandering genoemd, waarbij hun waarden, etc. als "de basis voor hulp" genomen worden. Hier zou je ook een contextuele focus kunnen leggen op de waarden, wereldbeelden en ervaringen van de sociale context van de cliënt, met inbegrip van grotere systemen zoals onderwijs, politiek en gezondheidszorg.

Ik heb een beetje moeite met het idee dat iedereen in staat is om een zinvol leven te leiden, althans zoals het hier gezegd wordt. Ik geloof wel dat alle mensen waarde en capaciteit hebben, maar soms laten hun contexten niet veel toe. Ik denk met name aan vluchtelingen.

De beschrijving van bouwen met vertrouwen en veerkracht is heel duidelijk! In mijn ervaring geloven te veel beoefenaars dat ze op de een of andere manier boven hun cliënten staan en, zonder betekenis, de capaciteiten en resources van cliënten ontkennen, of denken dat er betere zijn.

De noties die worden gegeven over het alert zijn ten aanzien van de gevolgen van veranderingen, waardeer ik zeer. Eén van de kritiekpunten die ik heb gehoord over SFBP is dat we op de een of andere manier geen rekening houden met onaangename gevolgen waarbij we het aan de cliënt overlaten om zonder waarschuwing ergens tegenaan te lopen terwijl we hier onze eigen ervaringen en die van anderen beschikbaar hebben om (alhoewel aarzelend) voor te stellen. Ik heb een aantal cliënten gehad die na het doordenken van de mogelijke negatieve gevolgen van hun veranderingen wat van doel veranderden. Anderen hebben vastgesteld dat het goed is om met minder dan een 10 op de schaal genoegen te nemen vanwege de balans tussen verschillende aspecten in hun leven, hoe deze door verandering beïnvloed worden, en hoe daarop gereageerd kan worden.

V. Belangrijkste aannames, waarden en overtuigingen

Ik herinner me niets in de Shazer et al., (2007), over bemiddeling zoals die wordt aangeboden om cliënten in een conflict te helpen. Dat betekent niet dat het er niet is, ik kan me het gewoonweg niet herinneren.

Met het schrijven dat SF geen theorie heeft over de ontwikkeling van de capaciteiten van cliënten ben ik het oneens. Ik denk dat dit gebeurt door de uitgebreide aandacht voor de overtuigingen, acties, betekenisgeving van cliënten – hun uitgebreide mogelijkheden en of begrip, de uitbreiding van het denken en doen die gemakkelijk beschikbaar is voor cliënten. Het betreft ook ons sterke geloof in de capaciteiten van onze cliënten om te weten welke veranderingen het beste voor hen zijn, daarop te reageren met hen en om vanuit hen betekenis te co-construeren. Natuurlijk worden deze duidelijker uitgelegd in andere theorieën zoals sociale psychologie, etc., maar ik denk dat ze impliciet zijn in onze houding ten opzichte van mensen en verandering.

Ik houd van de kaartmetafoor. Kaarten, noodgedwongen, laten veel informatie weg. Onze professionele houding van nieuwsgierigheid helpt ons om weglatingen op te helderen die nuttig kunnen zijn, maar die niet worden opgemerkt door cliënten.

Ik stel voor om voorzichtig te zijn met het schrijven over "positiviteit".

Positiviteit wordt op zoveel manieren uitgelegd vooral door de zogenaamde positieve psychologie, dat er veel beoefenaars zijn die geloven dat ze oplossingsgericht zijn omdat de focus gelegd wordt op positieven of sterktes. Ik denk dat jullie werk er duidelijk op wijst dat positiviteit niet het middelpunt van ons werk is. Als we alleen maar op positieve punten wijzen, lopen we het risico dat we veel resources missen en dat we de cliënt het gevoel geven dat hij niet gehoord wordt. Niets anders in dat gedeelte wijst naar positiviteit op zich, dus het is volgens mij het beste om dit op te helderen of weg te laten.

Verbinding maken met de taal van de cliënt is zo belangrijk, zelfs bij het formuleren van toevoegingen bij het wisselen van de beurt. Taal is op zich een heel groot woord, welke meer omvat dan woorden; het is de manier waarop woorden gebruikt worden en samen komen, de waarden en overtuigingen die ze suggereren, de reflexiviteit van de context, de mogelijkheden en onmogelijkheden, enz. Ik denk dat een voorbeeld over "het gebruik maken van kernbegrippen en logica van de cliënt" deze zaken nog een beetje zullen verhelderen. Het is anders mijn ervaring in trainingen en supervisie dat deelnemers denken dat taal alleen woorden betekent en alleen letterlijke betekenissen van woorden (of de subjectieve betekenissen die ze toekennen aan de woorden van de cliënt, wat vaak leidt tot allerlei onnauwkeurigheden of vergissingen).

Ik vind het geweldig dat jullie erop wijzen dat er vaak veel informatie aanwezig is in "kleine ingewikkelde details" in de beschrijvingen van cliënten. Nuances, mogelijkheden voor alternatieve betekenissen, etc. komen naar voren door onze nieuwsgierigheid en het bevragen van of verzoeken om details zelfs als cliënten denken dat deze vragen "banaal" zijn.

Het bieden van passende ondersteuning – ik denk dat het hier heel belangrijk is om rekening te houden met de aanwezige context en de belangrijke anderen voor de cliënt. Het begrip ondersteuning kan in co-constructie uitgevoerd worden door beoefenaar en cliënt. Ik geloof echter dat het beter werkt als co-constructie plaatsvindt tussen de cliënt en belangrijke anderen in zijn omgeving die door de verandering worden beïnvloed.

Hoera voor het benoemen dat de competentie van de cliënt verborgen kan zijn of nog slapende is! Als beroepsbeoefenaars dienen we trouw te zijn aan ons geloof in cliëntcompetentie en actief op zoek te gaan naar deze competentie wanneer cliënten bijzonder ontmoedigd of in de war zijn.

Het opmerken en versterken van de vooruitgang: dit is een moment waar de nadruk gelegd zou kunnen worden op de noodzaak om de kracht van het eigenaarschap van de cliënt in de verandering te identificeren. Hoe hebben ze iets laten gebeuren, of hoe hebben ze iets ondersteund, of wat kunnen ze doen om door te gaan? Een voorbeeld kan hier nuttig zijn.

Ik hoop dat deze opmerkingen een paar ideeën toevoegen die nuttig kunnen zijn en ik ben zo dankbaar ten aanzien van alle mensen die zoveel energie en gedachten in dit document hebben gestoken.

Alasdair J. Macdonald

Dit document lijkt mij een waardevolle bijdrage aan de literatuur over oplossingsgerichtheid. Het vertegenwoordigt het werk van wereldleiders binnen deze discipline gedurende de laatste tien jaren. De huidige studiegroep, die wordt ondersteund door de *European Brief Therapy Association* (EBTA), bestaat uit negen bekende praktijkmensen, die acht landen vertegenwoordigen. Twee van deze beoefenaars waren stichtende leden van de EBTA. In voorgaande jaren waren ook andere vooraanstaande medewerkers lid van deze groep. De auteurs citeren ook de mening van vele andere bekende autoriteiten.

Het project heeft veel tijd gekregen van de EBTA-leden tijdens de meeste van hun internationale bijeenkomsten. Zij hebben gebruik gemaakt van de vaardigheden van de bestaande groepsleden en van de ideeën die andere werknemers op de internationale conferenties en andere grote bijeenkomsten hebben gepresenteerd. Het resulterende document dat hier wordt gepresenteerd is een duidelijk en nuttig verslag van de centrale ideeën die momenteel in de oplossingsgerichte praktijk over de hele wereld zijn opgenomen. Zoals te zien zal zijn, worden veel van deze ideeën ook geschetst in soortgelijke documenten uit andere landen, en als leidraad dienen van de *Solution-Focused Brief Therapy Association* van Noord-Amerika.

Er is een lange discussie gaande over oplossingsgerichte therapie als praktijk, met of zonder een theorie van verandering. Er bestaan veel publicaties die geprobeerd hebben deze vorm van praktijk te relateren aan het al dan niet effectief zijn van andere vormen van therapie. Ook bestaan er veel publicaties die proberen de oplossingsgerichte praktijk te relateren aan de vele verwijzingen binnen de filosofische ideeën die in het werk van Wittgenstein worden gepresenteerd. Het werk van Wittgenstein is een mijlpaal in het gebruik van taal in de menselijke communicatie en in taal als een manier om betekenis te construeren in ons cognitieve begrip van de menselijke wereld.

Steve de Shazer werd door veel academische filosofen beschouwd als een uitzonderlijke denker in relatie tot Wittgensteins ideeën. Het bestaan van zoveel opvattingen in de poging om oplossingsgerichte therapie te beschrijven, kan echter impliceren dat we het punt waar het omdraait ergens missen. Misschien zijn we nog niet op het niveau van het discours dat nodig is om de oplossingsgerichte praktijk duidelijk weer te geven.

Oplossingsgerichte ideeën en technieken worden op grote schaal gebruikt in het management en in de organisatie. Ze zijn opmerkelijk succesvol gebleken in deze praktijken. Er is een aanzienlijke hoeveelheid literatuur over projecten en onderzoek naar oplossingsgerichte toepassingen op de werkplek. In tegenstelling tot de therapiewereld lijkt er weinig rivaliteit te bestaan tussen deze toepassingen en de vele andere organisatieresources die de commerciële wereld ter beschikking staan. Een succesvolle beoefenaar zal werk en winst vinden, of hij nu oplossingsgerichte ideeën gebruikt of een ander werkingsmodel. Praten over "betaling door resultaten" lijkt een vrij gemakkelijke manier om dit verschil samen te vatten, maar het is een gevestigde zakelijke mantra.

De EBTA-beoordelingslijst van onderzoeken strekt zich uit van 1995 tot en met 03/11/17. Google Scholar vindt jaarlijks meer dan 2800 publicaties in het Engels en in minstens 12 andere talen. Het geldige bestaande materiaal in 2017 omvatte 10 meta-analyses; 7 systematische reviews; 325 relevante uitkomststudies, waaronder 143 gerandomiseerde gecontroleerde studies die het voordeel van oplossingsgerichte benaderingen aantonen en 92 die het voordeel van bestaande behandelingen aantonen. Van de 100 vergelijkende studies waren er 71 die de voorkeur gaven aan Solution Focused Therapy. Er waren ook effectiviteitsgegevens beschikbaar van meer dan 9000 gevallen met een succespercentage van meer dan 60%; hiervoor waren gemiddeld 3 tot 6,5 sessies therapietijd nodig.

In de Verenigde Staten van Amerika is het model goedgekeurd door de Amerikaanse federale overheid: SAMHSA – het *National Registry of Evidence-based Programs and Practices* (NREPP).[1] In andere staten hebben de staat

---

[1] https://www.nrepp.samhsa.gov/landing.asp read 18 May 2020.

Washington en de staat Oregon het model goedgekeurd.[2] De staat Texas onderzoekt het bewijsmateriaal. Minnesota, Michigan en Californië hebben organisaties die gebruik maken van oplossingsgerichte korte benaderingen. Finland heeft een MSc in oplossingsgerichte therapie (toegekend in Engeland) en Singapore heeft een goedgekeurd accreditatie-programma. Canada heeft een registratie-instantie voor beoefenaars en therapeuten. Zuid-Korea heeft een gecertificeerde opleiding en een tijdschrift in de betreffende taal. Zweden, Polen, Duitsland en Oostenrijk erkennen het binnen hun systemische praktijkkwalificatie. Wales (VK) neemt het op in hun programma voor primaire geestelijke gezondheidszorg.

---

[2] https://www.nrepp.samhsa.gov/landing.asp read 18 May 2020.

Arild Aambø

Ik heb met veel plezier de laatste versie van de *Theorie van de* Oplossingsgerichte *Praktijk* gelezen. Het is inderdaad een indrukwekkend werk, een uitgebreide verzameling van opvattingen, ordelijk samengevoegd tot een uitdagend document. Vooral de paragraaf over de *belangrijkste aannames, waarden en overtuigingen* op pagina 47 beviel me, omdat deze grotendeels overeenkomt met mijn eigen opvattingen. Toch zet het me tevens aan het denken: *"Wat zijn de toepassingen van deze belangrijkste aannames, waarden en overtuigingen?"* Werken dergelijke uitspraken als premissen voor logisch afgeleide argumenten?

Dit roept de volgende vraag op: *"Is de SF-praktijk gebouwd op zulke theoretische constructies?"* Blijkbaar niet. Voor zover ik het begrijp, heeft Steve zijn model opgebouwd door middel van het bestuderen van video's van spontane, creatieve werkzaamheden van Insoo en anderen, waarbij hij zich concentreert op de verschillen die een verschil maken. Pas later koppelt hij dit aan een taalfilosofie. Zou het kunnen dat *de belangrijkste aannames, waarden en overtuigingen* als leidraad dienen, die ons klinisch werk ondersteunen en inspireren? Hier lijkt mijn antwoord op te zijn: "Misschien, in ieder geval voor sommigen." Moeten ze aan de cliënten worden gepresenteerd als een andere kijk op de wereld om verandering mogelijk te maken? Of dienen dergelijke uitspraken alleen als ankers of verbanden met enkele grotere of diepere discussies die we onaangeroerd laten? Is het een manier om onze praktijk uit te leggen aan andere mensen, of is het iets dat we gewoon moeten accepteren en aanpassen om echte SF-therapeuten te worden? Zulke vragen inspireren mij tot het bieden van een aantal alternatieve visies, grotendeels beïnvloed door mijn ervaringen als arts, facilitator en onderzoeker met betrekking tot gezondheidskwesties onder de grote diversiteit aan immigranten in Noorwegen gedurende de laatste decennia, en niet in de laatste plaats door mijn bezorgdheid over enkele extreme gevallen van geweld die zich zowel onder autochtonen als immigranten hebben voorgedaan.

Ten eerste, een veronderstelling die ik heel belangrijk vind, is dat *verandering onvermijdelijk is*. Hierop wordt ook gezinspeeld op pagin 51. Het is daarom een beetje verrassend voor mij om te zien dat bijna elke keer dat er verandering wordt genoemd in het document, wat heel vaak gebeurt, het wordt gepresenteerd *alsof* cliënten vastzitten zonder oog op verandering en *alsof* status quo de regel is, en zowel de therapeut als de cliënt zich vervolgens moeten inspannen om verandering tot stand te brengen.

Ten tweede is er vandaag de dag veel steun voor de *cognitieve biologie* die ervan uitgaat dat al het leven doelgericht is in de zin dat wezens op alle niveaus hun acties richten op doelen; doelen zoals het vervullen van een behoefte, of, op metaniveau, het zich terughoudend opstellen ten opzichte van dergelijke strevingen. De meeste mensen hebben het vermogen om te kiezen tussen doelen, en deze keuze brengt een gevoel van verantwoordelijkheid met zich mee, een verantwoordelijkheid voor het behoud van de doelgerichtheid van het leven, die uniek lijkt te zijn voor de mens. Het verantwoordelijkheidsgevoel draagt bij aan onze waarde als mens, en wanneer we handelen op een manier die het voor anderen moeilijker maakt om hun verantwoordelijkheid te nemen, handelen we, volgens Hans Jonas, onethisch.

Als Jonas, Maturana, en vele anderen die deze zaken hebben besproken, gelijk hebben, is doelgerichtheid (en dus ook oplossingsgerichtheid) eigenlijk de natuurlijke houding van de mens. Maar soms, wanneer de doelgerichtheid wordt gecombineerd met uitvoerende macht en uitvoeringskracht, en afleidend is voor elk gevoel voor de behoeften en verantwoordelijkheid van andere mensen, wat ik geneigd ben onbezonnen hulp te noemen, kan er grote schade worden toegebracht aan zowel de natuurlijke als aan de sociale omgeving. Ons probleem als mens is dus meestal niet dat het ons aan doelen en zingeving ontbreekt. De uitdaging is om te kiezen tussen doelen en díe doelen te bereiken die het meest bevredigend, belonend en ethisch aanvaardbaar zijn.

Als therapeuten zou onze zorg moeten zijn dat sommige mensen het slachtoffer zijn geworden van veranderingen waar ze niet om gevraagd hebben, veranderingen die meestal niet passen, en die hen een gevoel geven van verwarring en machteloosheid, waardoor hun doelgerichtheid tijdelijk wordt belemmerd of verlamd. Dit kan onder andere het gevolg zijn door anderen die niet bevoegd zijn tot het nemen van beslissingen. Ik ga ervan uit dat in veel van dergelijke gevallen een empowerment proces, dat wordt gefaciliteerd en gestimuleerd door oplossingsgerichte vragen, zeer gepast is. Hier begrijp ik empowerment niet als emancipatie, maar als een proces om de motivatie te stimuleren om zich te verhouden tot ongewenste veranderingen of er zelfs mee om te gaan.

Empowerment kan de doelgerichtheid herstellen, mensen helpen om vertrouwen in hun eigen competentie te krijgen en mensen motiveren om meer controle over hun leven te krijgen. Door te werken met migrantenvrouwen uit Pakistan en enkele andere zeer patriarchale samenlevingen heb ik echter vaak ervaren dat dit geen eenvoudig proces is. Het patriarchaat is onderdrukkend, maar het biedt ook grote mogelijkheden voor bescherming, waar veel van deze vrouwen van afhankelijk zijn en waarvoor ze bereid zijn een prijs te betalen door hun invloed op bepaalde domeinen op te offeren.

Het empowermentproces dat in de 2020-versie van de SF-theorie meerdere malen is genoemd en goed is beschreven, wordt tevens veel gezegd over het stimuleren van de zeggenschap van de cliënt. Het visualiseren van een betere toekomst is uiteraard belangrijk voor ons allemaal. Dit geldt ook voor het visualiseren van potentieel schadelijke gevolgen van ons handelen, vooral die onbedoeld plaatsvinden en waarvan we ons niet bewust zijn. We weten allemaal hoe een onafhankelijk bureau en solipsistisch streven schadelijk kan zijn en ons op een dwaalspoor kan brengen. Daarom moeten we ons afvragen of het stimuleren van zeggenschap van mensen wel gepast is in alle situaties en in alle verschillende domeinen waarin de SF-praktijk wordt geïntroduceerd. Wat ik mis is een duidelijkere nadruk op de perspectieven van andere mensen, of deze mensen nu belangrijke anderen zijn of onbekend voor ons, echter potentiële slachtoffers zijn van onze manier van werken. Anders gezegd, ik denk dat het niet helemaal zuiver is om het begrip empowerment te introduceren zonder een diepgaandere discussie te voeren over machtskwesties.

Een meer evenwichtig beeld kan worden verkregen door het stellen van vragen over relaties, die, wanneer ze op de juiste manier worden gebruikt, even goed geschikt zijn om sociale steun te verduidelijken en hoe je om kunt gaan met zeggenschap. Het is ook belangrijk dat therapeuten hun cliënten helpen om te reflecteren op waarden en houdingen. Hoewel niet volledig verwaarloosd, denk ik dat dergelijke vragen en overwegingen veel te weinig nadruk hebben gekregen in het document. Zoals ik me herinner, vertelde ze, toen Insoo nog in haar familiepraktijk zat, dat ze in ongeveer 80% van haar gevallen een SF-aanpak gebruikte. Uiteindelijk gaat het om een vraag over de beperkingen van de SF-praktijk, die ik in het concept van de theorie niet terugvind. Na meer dan 40 jaar praktijk is dit nog steeds een onbeantwoorde vraag, hoewel het zeer ethische implicaties kan hebben.

Ik ben het ermee eens dat de termen "klant", "klager" en "bezoeker" nu zijn weggelaten, omdat de connotaties niet geschikt zijn om een SF-praktijk te ondersteunen. Ik mis echter een discussie over de relatie tussen cliënt en therapeut – hoe deze relatie kan worden begrepen, en de noodzaak om vertrouwen te creëren zodat woorden en uitspraken in de beste zin des woords worden opgevat.

Tot slot, hoewel misverstanden de regel kunnen zijn en – als ze aan het licht komen behoorlijk stimulerend kunnen werken en creatieve mogelijkheden kunnen bieden – denk ik dat het verstandig is om te werken aan een gedeeld begrip van de situatie, en ook van het probleem en de oplossing. Is gedeeld begrip een probleem in het SF-werk?

Bovendien, wat is er gebeurd met de schaalvragen? Getallen, met al hun valkuilen, kunnen nog steeds een uitstekende en zeer precieze uitdrukking zijn die een gedeeld begrip mogelijk maken.

Referenties

Aambø, A. (2014). "One Heart, Many Hands" Reflections on diversity, relationships, and expanding conversations. Fokus på Familien, 1-2014, pp.49–71.

Jonas, H. (1981). The Imperative of Responsibility – In Search of an Ethics for the Technological Age. Chicago: The University of Chicago Press.

Maturana, H. R. & Varela, F. J. (1987). The Tree of Knowledge –
The Biological Roots of Human Understanding Boston: Shambala
Publications.

Sukanya Wignaraja

Mijn kennismaking met de oplossingsgerichte praktijk kwam iets meer dan tien jaar geleden. Het was een eye-opener, een heel andere manier van therapie "doen" en het betekende een uitdaging voor wat ik toentertijd wist. Ik was, zoals veel nieuwelingen, sceptisch maar tegelijkertijd ook nieuwsgierig. Ik had het geluk dat ik een uitstekende leraar en mentor in Debbie Hogan vond, die me begeleidde en geduldig mijn vragen beantwoordde. Debbie vertelde ons het verhaal over hoe SF zich ontwikkelde en ik herinner me dat ik getroffen werd door de wijze waarop het vanuit de praktijk ontstaan was, hoe de theorie ervan volgde. Ik had het gevoel dat de theorie op de een of andere manier minder cruciaal was in het begrijpen van hoe de oplossingsgerichte praktijk werkte. De daaropvolgende discussies met collega's in de loop der jaren gaven me het gevoel dat er behoefte was aan een duidelijk gearticuleerde theorie, niet alleen voor degenen onder ons binnen de SF-gemeenschap, maar ook als iets waar we mensen op konden wijzen, of ze nu critici waren of nieuwsgierigen om meer over de aanpak te weten te komen. Dit document heeft die leemte opgevuld en ik ben de EBTA-taakgroep dankbaar dat zij dit heeft opgesteld.

Zoals bij elk model heeft SF zijn critici, maar er is nu een groeiend aantal onderzoeken dat de doeltreffendheid en de resultaten ervan aantoont. Een theorie fungeert niet alleen als een referentiepunt voor praktijkmensen, maar ook als een duidelijke uitleg van wat we doen, hoe en waarom. Toen ik SF voor het eerst in mijn therapiepraktijk begon te gebruiken, hield ik een lijst met vragen bij (velen van ons deden dit), die functioneerde als een kruising tussen een script en een aide memoire. Vandaag de dag is dat script niet meer nodig omdat de vragen een tweede natuur zijn geworden. Terwijl ik dit document doorlas, zette het me weer aan het denken over hoe ik werk, de grondgedachte achter wat ik doe en ook de manier waarop SF stevig is ingebed in de manier waarop ik veel dingen benaderd heb, niet alleen mijn werk. SF lijkt, zoals we allemaal weten, bedrieglijk eenvoudig, maar het vereist een gedisciplineerde denkwijze en een begrip van de ratio om die eenvoud te behouden. In dit document wordt die redenering op een duidelijke en toegankelijke manier uiteengezet. Ik waardeer vooral het gedeelte over "Verandering van betekenis" dat complexe filosofische ideeën in de context van de SF-praktijk uitlegt.

De aannames en overtuigingen van SF vormen de kern van wat we doen en dat specifieke deel van het document is, naar mijn mening, een van de belangrijkste. Het benadrukt ook een ander aspect van de SF-praktijk, de taal die we gebruiken: de schijnbaar eenvoudige vragen die eigenlijk intentioneel en zorgvuldig zijn geconstrueerd. Cliënten pikken dit soms op en merken op dat de vragen "anders", "interessant" zijn of ze zullen zeggen "niemand heeft me dat ooit eerder gevraagd". Het is zeer nuttig om een beknopte samenvatting te hebben van hoe deze veronderstellingen en overtuigingen zich verhouden tot de manier waarop de beoefenaars het wereldbeeld van de cliënt, hun hoop en hun geloof in hun eigen vermogen om te veranderen, begrijpen, terwijl ze bijzondere aandacht besteden aan de gewenste toekomst (en dit laatste is uniek voor SF). Dit document belicht ook een ander aspect van SF dat vaak door critici wordt opgepikt, namelijk dat SF op de een of andere manier oppervlakkig is en er niet in slaagt om "dieper" te gaan en het verleden van de cliënten verwaarloost. De gedetailleerde uitleg van hoe een SF-"gesprek" werkt en de ingewikkelde lagen daarin, hebben reeds een lange weg afgelegd in het aanpakken en weerleggen van dergelijke kritiek.

Het gedeelte over "sleutelonderwerpen" is zeer goed samengesteld en het pakt opnieuw uit hoe de SF-practici met cliënten werken en het illustreert de rijkdom van het model. En natuurlijk is een van de unieke kenmerken van SF dat het met evenveel succes wordt gebruikt in een therapeutische context als met teams, organisaties en in bedrijfssituaties. Dit aspect wordt overal benadrukt.

Dit document is een uitstekende bron in de manier waarop het de theorie en de praktijk van SF samenbrengt en het is een belangrijke aanvulling op de SF-canon. Hoewel het document wordt verwelkomd door beoefenaars en trainers, is een bredere verspreiding buiten de SF-gemeenschap essentieel.

Guy Shennan

Ik ben vereerd dat ik door de EBTA Praktijkdefinitiegroep ben uitgenodigd om enkele beschouwingen te schrijven over de *Theorie van de Oplossingsgerichte Praktijk*. Ten eerste wil ik de groep feliciteren met hun lange levensduur en doorzettingsvermogen, want ik heb gelezen dat hun werk in 2007 is begonnen. Hoewel het daardoor misschien lijkt alsof hun werk niet kort is geweest, kan die gedachtegang niet gevolgd worden. Ik ben er zeker van dat ze geen enkele vergadering meer hebben gehad dan nodig was! Ik merk op dat er onderweg nog andere documenten zijn geproduceerd, bijvoorbeeld de definitie van de EBTA-praktijk in 2012. Ik moet zeggen dat ik me dit niet kan herinneren, hoewel ik er zeker van ben dat het onderwerp van discussie zal zijn geweest op EBTA-conferenties en -bijeenkomsten. Ik noem dit nu om mijn indruk van dit document te contrasteren. Een document, dat door de inspanningen van de groep, zowel tijdens als tussen de conferenties door, een merkbaar profiel heeft ontwikkeld. Ik feliciteer de groep ook met de manier waarop zij hun werk onder onze aandacht hebben gebracht en onze betrokkenheid daarbij hebben aangemoedigd. Het is een levend, ademend document, waarvan de collectieve herkomst duidelijk is. Ik verwijs hier niet alleen naar de negen auteurs die op de voorkant worden genoemd, maar ook naar de manier waarop deze auteurs een bredere oplossingsgerichte gemeenschap hebben betrokken bij de ontwikkeling van het werk. Aan het eind van het document staat een passende foto van nog veel meer medewerkers aan het document, onder de betreffende rubriek: "Uitbreiding van de ideeënkring". Ook de voetnoten, waarvan een aantal verwijst naar opmerkingen over eerdere ontwerpen, en de wijzigingen die in het document zelf zijn aangebracht, getuigen van de collectieve inspanningen die het document hebben gecreëerd. Tot slot feliciteer ik de groep met het document zelf.

De collectieve ontwikkeling ervan past bij de cultuur die in het begin van de jaren tachtig in Milwaukee een oplossingsgerichte kortdurende therapie heeft opgeleverd. In de afgelopen jaren heb ik samen met een van de werkgroep leden, Kirsten Dierolf, een aantal gesprekken gevoerd met enkele van de mensen die in de beginperiode deel uitmaakten van het Brief Family Therapy Center. Het belang van teamwerk voor de ontwikkeling van de oplossingsgerichte aanpak is toen duidelijk gebleken. In hun conclusie verwijst de werkgroep naar de "cultuur van nieuwsgierigheid" in Milwaukee en naar het "delen en debatteren dat heeft bijgedragen aan het ontstaan van de aanpak". Ik geloof dat de hoop van de groep wordt gerealiseerd, namelijk dat hun werk een dergelijke cultuur zal blijven voeden, "om de aanpak levendig te houden en open te stellen voor verandering", en dat, waar ze op hopen, dit zal bijdragen aan de "verdere spiralen van evolutie".

Het is misschien niet verwonderlijk dat het collectieve karakter van dit werk zich krachtig aan mij heeft gepresenteerd, gezien mijn eigen huidige interesses. In een eerdere poging tot theorieontwikkeling, toen Steve de Shazer (1994) het werk van Milton Erickson probeerde te begrijpen, en de effecten van zijn beslissing, overwoog hij om Ericksons' praktijkvoorbeelden als verhalen te interpreteren. Hij legde uit hoe zijn rol als "lezer" vervolgens het proces inging, en "de onderzoekseenheid schakelde over van (1) Erickson en zijn papieren naar (2) Erickson, zijn papieren, en mij" (de Shazer, 1994, blz.32). Als ik nadenk over de Theorie van de taakgroep Oplossingsgerichte Praktijk, is datgene wat ik eigenlijk doe, hetzelfde, namelijk nadenken over deze theorie en over mezelf. Dit kan gezien worden als een voorbeeld van de "interactionele kijk" (Watzlawick & Weakland, 1977), waarvan de theorie van de taakgroep doortrokken is (het is een aspect dat ik straks, wellicht wat paradoxaal, voorzichtig zal uitdagen).

Kortom, reflecterend op deze theorie (of Theorie) door middel van het prisma van mijn eigen interesses en als lid van het *Oplossingsgericht Collectief* (2019), was het goed om te zien dat het Collectief als organisatie genoemd werd, zij het in een voetnoot, en dat er verwezen werd naar milieu- en politieke factoren. Hoewel deze slechts dunnetjes worden beschreven, en voornamelijk als onderdeel van de achtergrond van een individuele cliënt, zijn ze welkome aanknopingspunten voor een aantal potentiële "evolutiespiralen". Er wordt bijvoorbeeld verondersteld dat "verandering plaatsvindt in de sociale context van de cliënt, (...) daarom en ten dienste aan de cliënt gaan veel vragen over voorkeursveranderingen in de relaties en de nabije omgeving" (blz. 50). De voetnoot die het Collectief noemt, is gekoppeld aan een verwijzing naar de "invloedssfeer" van de cliënt, en verwijst naar de dubbelzinnigheid die gepaard gaat met "empowerment" (blz. 41). Deze ambiguïteit is hier aanwezig, waarbij empowerment wordt gezien als een uitnodiging aan de cliënt om zich bewust te worden van zijn of haar macht, of zeggenschap, en is "meestal persoonlijke empowerment", maar omvat ook interpersoonlijke en sociaal-politieke empowerment (blz. 39). Dit laatste zou gaan over toegang tot resources en "het bevragen van algemeen aanvaarde waarheden", wat interessant klinkt, maar baat zou hebben bij wat meer opheldering en illustratie. Er is een hint in de rol van pleitbezorger in "toegang krijgen tot resources", terwijl het bevragende deel me herinnerde aan de manier waarop een narratief therapeut een "dominant discours", zou kunnen ontleden of deconstrueren, dat van invloed is op het leven van een cliënt. Ik ga hier misschien verder dan de bedoeling is van de auteurs, ik denk echter dat er nog meer te doen is.

In een interessant gerelateerde passage in het inleidende gedeelte worden de effecten op een cliënt besproken, in relatie tot het lid zijn van vele groepen, alsook de effecten op die groepen in verband met veranderingen in de cliënt. Er wordt gesuggereerd dat "cliënt" zowel naar een groep of organisatie als naar een individu zou kunnen verwijzen, echter meer helderheid zou hier helpen. De passage eindigt met de opmerking "De SF-praktijk eerbiedigt het individu binnen het interactie-web", en ik denk dat het dat heel erg doet, maar dan volgt merkwaardig genoeg de toevoeging "zonder het individu te bevoorrechten ten opzichte van het collectief" (blz. 19). Ik denk dat het individu bevoorrecht *is* in de theorie, die zoals hier gepresenteerd een grotendeels individualistisch inspanning is, ondanks de verwijzingen in deel I naar de bredere, niet-therapeutische contexten waarin de oplossingsgerichte benadering nu wordt gebruikt. De wereld zou verandering kunnen gebruiken, alsook de individuen daarbinnen, en een oplossingsgerichte benadering zou daar zeker ook bij kunnen helpen. Zoals de voetnoot over het *Oplossingsgericht Collectief* impliceert, dienen we te vermijden dat we publieke vraagstukken vertalen naar persoonlijke problemen. Als oplossingsgerichte werkers dienen we op onze hoede te zijn om samen te spannen met dergelijke vertalingen wat evenzeer geldt voor alle andere hulpverlenende beroepsbeoefenaars.

Nu ik heb verwezen naar de wereld of naar individuen die daarin veranderen, wil ik graag enkele reflecties geven over dit idee van verandering. Ik begin de workshops soms met het uitnodigen van deelnemers om één woord te roepen dat volgens hen het meest centraal staat in de oplossingsgerichte aanpak. Het is een activiteit die niet al te serieus moet worden genomen, want ik denk niet dat er een bepaald woord in het middelpunt van de aanpak staat, maar het is een mooie manier om energie te creëren en mensen aan het denken te zetten, en uiteindelijk zal iemand het woord "verandering" roepen. Als de aanpak wel een centraal woord zou hebben, zou dit een favoriete keuze van velen zijn. Het leidt ook tot het mooie paradoxale SFBT-oorsprong verhaal van hoe iemand achter het scherm in Milwaukee suggereerde wat later de "Formula First Session Task" zou worden – laten we de cliënt vragen om na te denken over wat ze *niet* willen veranderen! Vervolgens meldden de cliënten in de volgende sessie positieve veranderingen in concrete details. Dus misschien is verandering toch het woord. Het komt zeker als fundamenteel naar voren in dit document, waarin het 111 keer genoemd wordt, naast een oplossingsgerichte praktijk als "een activiteit van het helpen van cliënten om te veranderen" (blz. 27), en oplossingsgerichte gesprekken gericht op de "gewenste verandering" van de cliënt (blz. 45-46).

Dit is echter niet de manier waarop ik over de oplossingsgerichte praktijk denk. Het idee van verandering suggereert het veranderen van de ene toestand naar de andere, en houdt dus twee toestanden in beeld, die respectievelijk als een "probleem" toestand en een "oplossing" toestand kunnen worden beschouwd. Dit past bij de manier waarop de aanpak is ontwikkeld, en waarom het deze naam "oplossingsgericht" heeft, wat nu een ongelukkig gekozen benaming lijkt te zijn. Het is niet zozeer dat "solutions" zo'n overdreven woord werd in de marketing dat het Engelse satirische tijdschrift, *Private Eye*, er in een regelmatige vaste kolom grappen over maakte (kartonnen dozen werden bijvoorbeeld verkocht als "Oplossingen voor de opslag van Kerstversieringen"). Het is meer dat het woord niet past bij de activiteit zoals ik het begrijp en ik denk dat het woord zich heeft ontwikkeld, vooral vanaf de jaren negentig. Het idee van "oplossing" suggereert dat een "probleem" wordt "opgelost", net zoals het idee van verandering een verandering suggereert van de ene staat naar de andere.

Ik kan me niet herinneren dat ik dit idee – om een cliënt van de ene situatie naar de andere situatie te helpen bij het veranderen – ooit in gedachten heb gehad, dit door deels te zoeken naar uitzonderingen op de eerste situatie, de probleemsituatie, sinds ik voor het eerst werd getraind in SFBT in 1995. Ik ben opgeleid door BRIEF, en naar mijn mening was het stroomlijnen van de aanpak door hen toen al ver gevorderd, en waren ze bijna "Voorbij Oplossingen", om de titel van hun presentatie tijdens de EBTA-conferentie van 2003 te gebruiken. Als ik daar nu op terugkijk, denk ik dat ze ontwikkelingen aan het uitkristalliseren waren die al begonnen waren in Milwaukee. Steve de Shazer vatte dit in een interview met Dan Short samen (de Shazer en Berg, 1997), door te zeggen dat SFBT "slechts de wondervraag en het gebruik maken van schalen was...". Een ander onderdeel van deze puzzel – waarbij stukjes tot een minimum werden beperkt – was de focus op momenten dat het geschetste wonder al plaatsvond in het leven van cliënten. Het verving daarmee de focus op uitzonderingen (ten aanzien van problemen die niet meer werden bevraagd). Volgens Michele Weiner-Davis was Eve Lipchik de eerste in het Milwaukee team om te vragen naar dergelijke momenten waarop "het wonder" al plaatsvond (Malinen, 2002), nu vaak bekendstaand als "gevallen"[1].

Twee andere essentiële puzzelstukjes betreffen de vraag van Chris Iveson, waarvan ten eerste: "Wat zijn jouw beste verwachtingen ('best hopes') van ons werk samen?" en dat, door het schetsen van het wonder die hoop vervuld wordt in plaats van dat de problemen van de cliënt zijn verdwenen. In het tweede deel wordt de laatste, slepende verwijzing naar het "probleem" uit het proces verwijderd, waardoor de laatste stap voorbij de oplossing kan worden gezet, terwijl het eerste deel suggereert wat we daar zouden kunnen vinden. Mijn beschrijving van het oplossingsgerichte proces, en misschien ook wel mijn beweegredenen daarvoor, zou die zijn van een proces waarin *hoop* centraal staat – of vanaf de start is dat proces wellicht nog accurater – in plaats van *verandering*. In plaats van deze theorie van beste verwachtingen, welke slechts één van de verschillende manieren is om de "best mogelijke verandering" van de cliënt te beschrijven, zie ik de oplossingsgerichte praktijk als het mogelijk maken of activeren van een zich ontvouwende en verschuivende articulatie van beweging, zowel potentieel als actueel, naar de beste verwachtingen ("best hopes") van de cliënt in de praktijk.

Woorden zijn belangrijk, en ik nam even de tijd om in de zin hierboven te kiezen voor het woord "mogelijk maken". Sommige mensen – waaronder de EBTA Praktijkdefinitiegroep –

---

[1] In tegenstelling tot de voetnoot op pagina 68 is deze term niet "bedacht" door BRIEF. Zie mijn blogpost voor het volledige verhaal! (Shennan, 2020).

zijn misschien in plaats daarvan voor "co-construeren" ge-gaan, in navolging van de grote oplossingsgerichte voet-stappen van Insoo Kim Berg die als co-auteur het document schreef – dat hier door de groep wordt aangehaald – als een vroege voorloper van hun poging om een onderbouwing voor de oplossingsgerichte praktijk te bieden (Berg & De Jong, 1996). Dit document situeert de SFBT als één van de meer-dere sociaal-constructionistische benaderingen, en het was interessant om het in deze context te herlezen en na te den-ken over de beweegredenen die achter het schrijven ervan kan hebben gelegen – en in het verlengde daarvan, de be-weegredenen achter dit document. De SFBT heeft zeker kenmerken gemeen met benaderingen die als sociaal con-structionistisch worden aangemerkt. Het zou dan ook niet verwonderlijk zijn dat, door het delen van deze meta-theorie, het zich kunnen permitteren van intellectuele en profes-sionele geloofwaardigheid, als welkom gezien zou worden.

Ik ben er niet van overtuigd dat de oplossingsgerichte prak-tijk op deze manier onder een meta-theorie geplaatst dient te worden. Verdere discussie hierover zou nuttig zijn, en het sluit duidelijk aan bij de hier gepresenteerde Theorie, maar ik sluit af met een gedachte over een specifiek aspect van het gebruik van sociaal constructionisme, het concept van *co-constructie*. Ik vraag me af of de gretigheid van de sociaal-constructionist om het belang van interactie te benadrukken, heeft geleid tot een terminologie die de rol van de beroeps-beoefenaar te sterk benadrukt in de uitvoering van datgene wat de cliënt toebehoort. Het zijn activiteiten als faciliteren, activeren en helpen die ons als oplossingsgerichte beoefenaars ten dienste stellen van onze cliënten, en van hun constructies van gewenste toekomsten en hun beschrijvingen van de weg daar naar toe.

Op dezelfde manier zijn deze reflecties van mij beïnvloed door veel mensen en vele lezingen, voorafgaand aan het lezen van het Theorie document zelf. Alhoewel, wanneer de reflecties waren voortgekomen uit een interview met mij, in plaats van door een solitair tikken op mijn laptop, zouden ze nog steeds mijn gedachten en mijn verantwoordelijkheid zijn. Ik hoop dat mijn gedachten nuttig zijn voor iemand die ze leest, en daardoor op hun beurt zelfs een kleine invloed hebben.

Referenties

de Shazer, S. (1994). Words Were Originally Magic. New York: Norton.

de Shazer, S. & Berg, I. K. (1997). An interview by Dan Short with Steve de Shazer and Insoo Kim Berg, Milton H Erickson Foundation Newsletter, 17, 2.

Malinen, T. (2002). From Thinktank to New Therapy: The Process of Solution-Focused Theory and Practice Development. Originally published in Finnish in Ratkes, 2 & 3, 2001. http://www.tathata.fi/artik_eng/thinktank.htm read 26 January 2021.

Shennan, G. (2020). What's in a word? Exceptions, instances, assets and unique outcomes. Guy's blog.
https://www.guyshennan.com/post/what-s-in-a-word-exceptions-instances-assets-and-unique-outcomes read 12 June 2020

Solution-Focused Collective (2019). The Manifesto.
https://solfocollective.net/the-manifesto-for-text-readers/ read 12 June 2020.

Watzlawick, P. & Weakland, J. (1977). The Interactional View. Studies at the Mental Research Institute, 1965-1977. New York: Norton.

Tomasz Switek

In dit korte overzicht doe ik mijn best om enkele spontane reacties te delen die in mij opkwamen als reactie op de rijke stroom van de ideeën uit het boek *Theorie van de Oplossingsgerichte Praktijk* "versie 2020", zoals die zijn gepresenteerd door de EBTA-Practice Definition Group. De gewoonte volgend die door Insoo Kim Berg is gecreëerd, zeg ik daarom met slechts één woord: Wow!

Ik weet dat er veel meer woorden nodig zijn om mijn dankbaarheid voor de auteurs uit te drukken, mijn respect voor hun inspirerende samenwerking, mijn bereidheid om deel te nemen en door te gaan met dit voortdurende proces van herdefiniëren van wat een oplossingsgerichte praktijk in theorie, in beschrijving en in praktijk betekent. De EBTA-definitie taakgroep heeft besloten de uitdaging aan te gaan om theorie te definiëren binnen de oplossingsgerichte praktijk. Met in het achterhoofd aspecten van theorie, beschrijving en praktijk geeft dit document duidelijk uitdrukking aan de "semi-fictionele" (Hans Vaihinger concept uit de "As if" filosofie - Vaihinger, 1911) status van het definiëren van de oplossingsgerichte praktijk. Peter Sundman en het team, hebben binnen de EBTA-taakgroep, een geweldige poging gedaan om een breed scala aan diversiteit binnen de SF-aanpak te beschrijven en in een soort van praktijkdefinitie te plaatsen. We kunnen zien dat de auteurs rondom het beschrijven van verschillende aanpakken eerder inclusie dan exclusie hebben betracht. Toch is het de moeite waard om te onthouden dat Steve de Shazer de geneigdheid had om zijn werk te beschrijven met behulp van uitspraken als: "Ik doe het", "Ik doe dat iets" wat breed genoeg geformuleerd was om de potentiële diversiteit van SF-werkstijlen op te nemen. Steve de Shazer zei ooit in reactie op de uitspraak van John Weakland over het bereiken van de Ericksoniaanse essentie (Hoyt, 2001):

> *"Als je begint te zoeken naar de essentie van het werk van Milton Erickson of van korte therapie, loop je altijd het gevaar de 'niet-essentiële' dingen te vergeten. Je wijst automatisch naar iets dat niet essentieel is als je zegt dat iets essentieel is. Automatisch. En je loopt dan het gevaar dat je iets in de 'niet-essentiële' doos legt, terwijl dat iets op den duur net zo essentieel zal blijken te zijn als al het andere."*

Bovenstaande regels helpen me de theorie van de oplossingsgerichte praktijk te begrijpen als een gegeven poging om onze oplossingsgerichte aanpak te beschrijven als de kaart die niet het landschap is. Natuurlijk dienen al mijn opmerkingen in dit overzicht ook op diezelfde manier te worden gelezen.

Een van de belangrijkste aspecten waar auteurs naar verwijzen is de rol van het idee dat oplossingsgerichte praktijk iets meer is dan de set van vragen, technieken om gesprekken te voeren. In dit geval betekent "meer" dat beroepsbeoefenaars die gebruik maken van een oplossingsgerichte aanpak, waarschijnlijk oplossingsgerichte mindsets ontwikkelen, en althans gedeeltelijk, geworteld zijn in sommige theoretische systemen. Luc Isebaert maakte me persoonlijk bekend met het idee dat de SF-benadering veel meer de manier van denken is, dan alleen de manier van praten, of zelfs het stellen van alleen maar SF vragen. Auteurs met betrekking tot de geschiedenis en het proces van het ontwikkelen van de aanpak hebben verwezen naar enkele systemen zoals: sociaal constructivisme, taalfilosofie of boeddhistisch denken. In feite is de diversiteit aan toepassingen, en verschillende stromingen binnen de SF-praktijk ook geïnspireerd door andere systemen, zoals stoïcisme filosofie, algemene semantiek, christelijk denken, gezondheidspsychologie, om er maar een paar te noemen. Mijn hoop is dat in de toekomst deze rijkdom aan inspiratiebronnen nog veel meer zal worden verkend.

Met het idee in mijn achterhoofd dat de context belangrijk is, is het duidelijk voor me dat als we de mens aan een bepaalde context onttrekken, we het over een totaal andere mens hebben, zelfs een heel onrealistische, omdat in de SF-benadering de mens altijd gezien wordt binnen de context en de circulaire interactie tussen de mens en de specifieke contexten. Vanuit mijn praktijk gezien, kan ik de focus op context als iets fundamenteels zien en tegelijkertijd wil ik het belang benadrukken van het bevorderen van het idee van het functioneren van de mens in verschillende type contexten; namelijk in zowel externe als interne contexten en op hetzelfde moment. Onze rol is om potentiële interacties binnen en tussen beide typen contexten op een nuttige manier te overwegen en te benutten. Ik zie daar ook redenen voor in de woorden van Steve de Shazer en Insoo Kim Berg, namelijk dat korte therapie "een therapie is die georganiseerd is rond de context die mensen voor zichzelf hebben gebouwd en/of waarin ze zich bevinden" (de Shazer & Berg, 1995).

Auteurs presenteren de algemene definitie van de oplossingsgerichte praktijk als; "Cliënten krijgen ondersteuning voor verandering van een behandelaar op basis van de resources, vaardigheden, krachten, toekomstige hoop en interactie van de cliënt binnen hun omgeving". Voor mij beperkt deze definitie in ieder geval enkele mogelijkheden in de dagelijkse praktijk, die ook tot op zekere hoogte in het document worden genoemd. Een van de strategieën waar ik naar verwijs is het nut van perceptie, ervaring, en kennis en het gebruik van "theorieën uit de sociale psychologie, de discursieve psychologie en de systeemtheorie", die door de auteurs duidelijk worden genoemd. Ik stel een andere algemene definitie van de oplossingsgerichte praktijk voor als "het helpen van cliënten bij het bereiken van wat zij in een bepaalde situatie willen en kiezen op basis van elke noodzakelijke en ethische bron van inspiratie" (Switek, Panayotov, Strahilov, 2018).

Onze SF-wereld zit vol met uitspraken over het nauwkeurig luisteren naar cliënten en het bouwen aan een oplossingsgerichte praktijk om van hen feedback te krijgen over wat nut-

tig was tijdens de sessie. Het is altijd mogelijk dat beroepsbeoefenaars, die gebruik maken van de SF-aanpak, veel meer
waarde hechten aan bepaalde theoretische systemen dan aan
de ideeën of suggesties van de cliënt. Hetzelfde kan gebeuren
wanneer beroepsbeoefenaars sommige SF-bevindingen be-
handelen, conclusies die bijvoorbeeld in BFTC in Milwaukee
of binnen het Brugse model zijn ontwikkeld, niet als suggesties om te onderzoeken en te verifiëren, maar als SF-ba-
sisprincipes die we tijdens de sessie dienen te volgen. De auteurs herinneren ons aan de risico's bij het omzetten van
oplossingsgerichtheid in oplossingsgeforceerdheid. Met het
idee van de contextgevoeligheid nog in het achterhoofd kunnen we zeggen dat de vorm van de oplossingsgerichte praktijk, die in verschillende tijden, plaatsen, tussen verschillende mensen is ontwikkeld, door ons alleen als inspirerend
wordt gezien en dat we verplicht zijn om onze oplossingsgerichte praktijk in onze tijd en plaats met onze cliënten dienen te ontwikkelen. Mijn suggestie over wat we in principe
kunnen leren van het Milwaukee team is de wijze waarop zij
er toentertijd voor kozen om de oplossingsgerichte praktijk te
co-creëren. Dergelijke gezichtspunten of gedragslijnen kunnen we toepassen op onze contexten met de hoop op soortgelijke of andere bevindingen in co-creatie met onze huidige
cliënten.

Het belang van de taal is een ander fundamenteel aspect van
de door de auteurs genoemde oplossingsgerichte praktijk.
Mijn collega's kan ik alleen maar steunen in het promoten

van dit belangrijke thema in onze praktijk. Aangezien het onderwerp in dit artikel breed wordt uitgewerkt, zal ik slechts op enkele aspecten van het gebruik van de taal ingaan.

De auteurs stellen een gedachtegang voor uit de taalfilosofie waarbij "oplossingsgerichte beoefenaars vertrouwen op wat men 'creatieve interactie' zou kunnen noemen, waarbij betekenis wordt gecreëerd in levensgebeurtenissen tussen mensen als basis voor oplossingsgerichte verandering" De auteurs presenteren op de een of andere manier het idee dat "persoonlijke gedachten [...] niet de controlerende kwaliteit hebben die soms aan hen wordt toegeschreven". Ik zou graag zien dat er in de toekomst meer wordt nagedacht over oplossingsgerichtheid, waarbij betekenis wordt gecreëerd in levensgebeurtenissen tussen actieve delen van deze gebeurtenissen, die zich rondom en binnen de cliënt bevinden. Dit is de plaats waar het idee over het overbruggen van externe en interne contexten praktisch toepasbaar is. Eén van de alternatieven hoe we dit kunnen beschrijven en beoefenen wordt gepresenteerd binnen het BBraveC Model van multidimensionele circulariteit van het proces van bewegen (Switek, 2019).

Na enkele regels lezen we dat "de focus op het gesprek ligt op de interactie tussen mensen" en het idee van "significant anders" wordt voorgesteld. Mijn praktijk en de feedback van mijn cliënten suggereren dat, in ieder geval soms, het praten over de relatie met "significante anderen" breder kan worden opgevat en betrekking heeft op "het significante zelf" waar de cliënt een relatie met het eigen "zelf" overweegt. Ook "significante anderen" zou kunnen verwijzen naar de relatie met andere levende wezens, evenals, delen van de materiële wereld.

Een ander punt dat in de toekomst meer beschreven zou kunnen worden is het aspect van het begrijpen van taal. Mijn indruk is dat auteurs taal vooral adresseren op verbale communicatie. Hoewel duidelijk wordt gesteld dat "taal het sleutelelement is in de oplossingsgerichte praktijk", zou het belang van de non-verbale communicatie kunnen worden versterkt en in de toekomstige beschrijvingen meer aan bod kunnen komen. Geluiden, bewegingen, foto's, vormen enz. werden in de loop van de jaren van de ontwikkeling van SF op creatieve wijze in de oplossingsgerichte praktijk verwerkt.

De visie op het mensbeeld en de visie op de mens binnen de oplossingsgerichte praktijk is vol hoop, acceptatie en een soort van bewondering. Wij hechten inderdaad waarde aan onze cliënten en de auteurs beschrijven dat standpunt rechtstreeks van de kant van de professionals die de oplossingsgerichte praktijk toepassen. Dat is een van de redenen waarom we werken op basis van wat we zien als de resources van de cliënt. Tegelijkertijd nodigt de oplossingsgerichte traditie ons uit om dynamische taal te gebruiken terwijl we de mogelijkheden van de cliënt beschrijven. Mijn wens is dat we, terwijl we het belang van de taal binnen onze aanpak bevorderen, het kunnen combineren met het idee om dynamische beschrijvingen te gebruiken in plaats van beschrijvingen die gebaseerd zijn op het waarderen van andere mensen. We kunnen in het document lezen dat cliënten "vindingrijk, competent en veerkrachtig zijn". Vanuit mijn gezichtspunt is het gemeenschappelijke oplossingsgerichte taalspel, helaas een triest spel, waarbij we beweren dat we onze cliënten complimenteren, dat we werken op basis van hun resources, en in feite baseren we onze complimenten op het patroon van het waarderen van de mens.

Mijn standpunt hierover is duidelijk en het zegt dat het waarderen, het labelen van een andere persoon, zelfs als dat gebeurt door het complimenteren in de vorm van het beoordelen van een persoon, het gebruik is van het mechanisme dat ten grondslag ligt aan racisme, elke vorm van discriminatie die gebaseerd is op het "beter of slechter" maken van mensen. Ik wil graag wachten op het moment dat het zelfs in onze SF-wereld onethisch wordt. Wat ik wel denk is dat "alle" discriminaties, inclusief racisme, gebruik maken van patronen van het waarderen van andere mensen. Met waarderen bedoel ik "het definiëren van de aard van de persoon, de identiteit", verwijzend naar "labels". Vaak is het algemene patroon gebaseerd op "je bent goed versus je bent slecht", "je bent ok versus niet ok". Sommigen kunnen proberen te waarderen in de richting van positieve "labels", zoals in SF velen doen, maar toch is het gebruik maken van "het waarderen van iemands patroon". In mijn waanideeën is "waarderen" een van de achtergronden van discriminatie, waarbij ik iemand definieer als "goed of slecht" en in zo'n situatie is het makkelijker om acties uit te voeren die als discriminatie kunnen worden gezien. Ik wil SF-stijlen promoten waarbij we stoppen met het "definiëren van de aard van anderen", waarbij we stoppen met het "waarderen van personen", zelfs door het gebruik van positieve labels, omdat het in mijn ogen slechts één continuïteit is, één "taalspel" en het is op de een of andere manier "vergeten". Steve de Shazer's idee over het beschrijven van cliënten betreft het gebruik van dynamisch taalgebruik, het beschrijven van hen door middel van acties, en mogelijkheden.

Tot slot nog enkele slotopmerkingen over de formulering. In dit document wordt verwezen naar enkele dichotomieën en wordt de oplossingsgerichte praktijk beschreven. Twee basisdichotomieën zijn: probleem versus oplossing, en probleempraat versus oplossingspraat.

Historisch gezien is het vrij eenvoudig te begrijpen onder welke omstandigheden namen als "probleem" of "oplossing" werden gebruikt binnen de oplossingsgerichte woordenschat. Sommigen van u weten misschien dat mijn werk binnen de zogenaamde oplossingsgerichte praktijk uiteindelijk resulteerde in het op een soort van leuke vakantie sturen van namen als "problemen", "oplossingen", "probleempraat" of "oplossingspraat". In plaats daarvan gebruik ik bewoordingen als "ongewenst", "minder gewenst", "meer gewenst", "gezocht", en "nuttig gesprek", die kunnen worden begrepen, als een gemeenschappelijke ervaring tussen beroepsbeoefenaar en cliënt, gecocreëerd met het oog op bruikbaarheid, dat kan worden gedefinieerd als nuttig in het bereiken van wat er gewenst is en gekozen is door de cliënt.

Ik kan het niet laten om mijn bewondering te uiten aan de auteurs, ook vanwege de manier waarop zij de belangrijkste onderwerpen in de oplossingsgerichte praktijk hebben beschreven. Het is een geweldig idee om onze praktijk vooral via doelen te presenteren, in plaats van vanuit een gereedschapsperspectief. Elk van onze interventies is ergens voor bedoeld. Het doel is veel dominanter dan het instrument, de manier waarop we dat doel willen bereiken. Het verzamelen van onderwerpen binnen de oplossingsgerichte praktijk die in dit boek worden beschreven, lijkt absoluut voldoende, zolang we onthouden dat elk onderwerp, elke ervaring die cliënten in staat stelt om een gewenste situatie te bereiken, kan worden behandeld als een integraal onderdeel van onze ergens-op-gefocuste aanpak. We kunnen vragen stellen, we kunnen de vragen beantwoorden, we kunnen op elke ethische manier handelen, zolang we allemaal ons best doen om regels te volgen:

Ga door met wat werkt!
Handel anders wanneer dat nodig is!
Imagineer datgene wat gewenst is!

Referenties

de Shazer, S. & Berg, I. K. (1995). The brief therapy tradition. In J. H. Weakland & W. A. Ray (Editors), Research Institute Propagations: Thirty years of the influence from the Mental (pp. 249-253). New York: Routledge.

Hoyt, M. F. (2001). A conversation with Steve de Shazer and John Weakland. In: Interviews with brief therapy experts, Philadelphia.

Switek, T., Panayotov, P., Strahilov, B., (2018). Making waves. Solution Focused practice in Europe. Sofia: EBTA.

Switek, T. (2019). BBraveC. Workshop presented at SFBTA conference, Montreal, Canada, 2019, http://www.centrumpsr.eu/wp-content/uploads/2019/12/BbraveC.pdf read 31.7.2020.

Vaihinger, Hans (1911), Philosophie des Als Ob, Leipzig: F. Meiner.

Auteurs

Peter Sundman, BA, maatschappelijk werker, klinisch begeleider, coach, gediplomeerd trainer oplossingsgerichte psychotherapie, consultant, coördinator van het *TaitoBa House* Solution Focused net-work. Annankatu 29 A 12, 00100 Helsinki, Finland.
Email: peter.sundman@taitoba.fi

Matthias Schwab, MA, Psycholoog, MA, Fine Art. Oplossingsgericht therapeut, coach, trainer en begeleider in privépraktijk. Redactielid van het *Journal for Solution Focused Practices*. Geeft support ten aanzien van "sociale sculpturen" in het werken binnen de *Free International University* en het *Solution-Focused Collective*. Türkenstraße 38, 91522 Ansbach, Duitsland.
Email: matthias@the-void.org

Dr. Ferdinand WOLF, klinisch psycholoog, systemisch oplossingsgericht psychotherapeut in privépraktijk, gediplomeerd trainer systemische oplossingsgerichte psychotherapie, begeleider en coach. Siget 61, A-7053 Hornstein, Oostenrijk.
Email: ferdinand@wolf.co.at

Marie-Christine Cabié, psychiater, medisch directeur van een ambulante en intramurale afdeling in Parijs. Psychotherapeut, opgeleid en trainer in Familietherapie, SFT, Brugs model, Ericksonian hypnotherapie. Voorzitter van de EBTA.
Email: mc.cabie@orange.fr

John Wheeler, MA, UKCP Geregistreerde Systemische Psychotherapeut. Volledig lidmaatschap van Solution Focus in Organisaties. Voormalig bestuurslid voor EBTA. Voormalig voorzitter IASTI. Voormalig lid van de redactie van *Journal for Solution Focused Brief Therapy*. Hoofd van het *Centre for Solution Focused Trainers*. Externe docent bij de Universiteit van Newcastle. 5 Runhead Gardens, Ryton. NE40 3HH. UK.
Email: John@johnwheeler.co.uk

Rytis Pakrosnis, BA in Psychologie, MA in Gezondheidspsychologie, PhD in Sociale Wetenschappen (Psychologie), Oplossingsgerichte beoefenaar in privépraktijk en aan de Vytautas Magnus University Clinic, geassocieerd hoogleraar aan de Vytautas Magnus University (Kaunas, Litouwen), gastprofessor aan de Universiteit van Warschau (Polen), redactielid voor het tijdschrift *Solution-Focused Literature* en voor Frontiers in Gezondheidspsychologie, voormalig co-redacteur van het *International Journal of Solution-Focused Practices*. Biliuno g. 46, Kacergine, LT53447, Litouwen.
Email: rytis.pakrosnis@vdu.lt

Michael Klingenstierna Hjerth, M.SC in psychologie, BA in filosofie, Gelicenseerde Psycholoog. Medeoprichter van en klinisch psycholoog, trainer en supervisor bij *Solutionwork Institute*. President van *International Solution-Focused Training Institutes* (IASTI), voormalig secretaris van EBTA, voormalig redactielid van *International Journal of Solution-Focused Practices*. Segelflygsgatan 39.12833, Skarpnack, Zweden.
Email: michael@solutionwork.se

Reviewers

Thorana Nelson, Ph.D., professor emerita van familie-therapie aan de *Utah State University*. Oprichtend lid en voormalig secretaris/penningmeester van de *Solution-Focused Brief Therapy Association*. Voorafgaand aan haar pensionering genoot ze van het geven van oplossingsgerichte trainingen en begeleiding van oplossingsgerichte kort-durende therapie. Ze is auteur/redacteur van een aantal SFBT-boeken, waaronder *Solution-Focused Brief Therapy With Families* (Routledge, 2019).

Dr. Alasdair Macdonald, 30 jaar consultant psychiater, geregistreerd familietherapeut en supervisor. 25 jaar kort-durend therapeut, oplossingsgericht therapeut sinds 1988. Publicaties in psychotherapie-uitkomsten en andere interesses. Vorige ambtsdrager, *European Brief Therapy Association*. Voormalig Medisch Directeur; nu freelance-trainer en managementconsultant in China en elders.
Email: macdonald@solutionsdoc.co.uk

Arild Aambø, arts en senior-adviseur bij het Noorse Instituut voor Volksgezondheid. Externe docent aan de Oslo Universiteit en OsloMet. Oprichter en van 1994 tot 2004 leider van de *Workshop Primary Health Care* (PMV) in Oslo. Trainer in SFBT in samenwerking met Berg en de Shazer in Noorwegen en internationaal. Publiceerde diverse artikelen en boek-hoofdstukken over oplossingsgericht werken, en een monografie over oplossingsgerichte gesprekken (2004).

Sukanya Wignaraja (MSc Oxon), gediplomeerd oplossings-gericht therapeut en coach in haar privépraktijk in Colombo, Sri Lanka. 75 Kynsey Road, Colombo 0800, Sri Lanka.
Email: wignaraja@gmail.com

Guy Shennan, therapeut, trainer, consultant, gespecialiseerd in oplossingsgerichte praktijk. Oprichtend lid van de UK *Association of Solution Focused Practice*. Oprichter van het *Solution-Focused Collective*. Sociaal werker, voormalig voorzitter van de *British Association of Social Workers*. 36 Shepton Houses, Welwyn Street, London E2 OJN, UK.
Email: guyshennan@sfpractice.co.uk

Switek Tomasz, MA in sociale preventie en revalidatie, gecertificeerd SF-therapeut, trainer en supervisor. Oprichter van het SFA Centrum, Polen. Bestuurslid van de EBTA en van de *International Alliance of Solution-Focused Teaching Institutes* (IASTI). Tomasz heeft het *Situations Focused Open Model* gecreëerd.
Email: tomaszswitek@centrumpsr.eu